Lea Wohl von Haselberg (Hrsg.)

Hybride jüdische Identitäten
Gemischte Familien und patrilineare Juden

Jüdische Kulturgeschichte in der Moderne
hrsg. von Joachim Schlör
Band 3

Lea Wohl von Haselberg
(Hrsg.)

Hybride jüdische Identitäten

Gemischte Familien und patrilineare Juden

Neofelis Verlag

Die Publikation des Buches wurde durch die großzügige Unterstützung der Georges und Jenny Bloch-Stiftung ermöglicht.

Bibliografische Information der Deutschen Nationalbibliothek
Die Deutsche Nationalbibliothek verzeichnet diese Publikation in der Deutschen Nationalbibliografie; detaillierte bibliografische Daten sind im Internet über http://dnb.d-nb.de abrufbar.

Umschlaggestaltung: Marija Skara
Druck: PRESSEL Digitaler Produktionsdruck, Remshalden
Gedruckt auf FSC-zertifiziertem Papier.
ISBN (Print): 978-3-943414-52-3
ISBN (PDF): 978-3-943414-76-9

Inhalt

Lea Wohl von Haselberg
Einleitung 7

Micha Brumlik
Matrilinearität im Judentum.
Ein religionshistorischer Essay 19

Elisabeth Beck-Gernsheim
Juden, Nichtjuden und die dazwischen.
Im Dschungel der Orientierungsversuche 35

Christina von Braun
Virtuelle Genealogien 49

Christa Wohl
Patrilineare in Deutschland: Jüdisch oder nicht?
Eine psychologische Untersuchung 65

Birgitta Scherhans
Jüdisch-christliche ‚Mischehen' in Deutschland nach 1945 83

Madeleine Dreyfus
‚Mischehe' und Übertritt.
Elemente jüdischer Identitätskonstruktionen
am Beispiel der deutschen Schweiz 103

Catherine Grandsard
Approximate Answers to Baffling Problems.
Issues of Identity in Mixed Jewish-Christian Families in France 121

Adrian Wójcik / Michał Bilewicz
Beyond Ethnicity. The Role of the Mixed-Origin Family for Jewish Identity: A Polish Case Study 133

Pearl Beck
The Relationship between Intermarriage and Jewish Identity in the United States. An Examination of Overall Trends and Specific Research Findings 147

Joela Jacobs
Die Frage nach dem Bindestrich.
Deutsch-jüdische Identitäten und Literatur 169

Auswahlbibliographie 180

Einleitung

Lea Wohl von Haselberg

Als die vom Institut für Erziehungswissenschaften der Universität Zürich und einer Arbeitsgruppe ausgerichtete Konferenz „Hybride jüdische Identitäten? Gemischte Familien und patrilineare Juden" Anfang November 2012 in Zürich stattfand, hatte sie bereits eine längere Geschichte. Verschiedene Fäden kamen in dem Team, das die Tagung möglich gemacht hat, zusammen: Einzelpersonen, die in interreligiösen Beziehungen leben oder aus solchen stammen und das Projekt *doppel:halb*, das versucht, Menschen mit gemischt jüdischen Hintergründen ein Forum für ihre Erfahrungen und Familiengeschichten zu geben, trafen auf wissenschaftliches Interesse an einem Thema, dem im deutschsprachigen Raum erst in den letzten Jahren langsam mehr Aufmerksamkeit geschenkt wird.[1]

Gemeinsamer Ausgangspunkt war der Wunsch, die familiäre und identitäre Konstellation der gemischt jüdisch-nichtjüdischen Familie, die wir alle aus unserer Arbeit oder unserem Privatleben kannten, sichtbar zu machen, um damit Identitäten und Familiengeschichten in den Mittelpunkt zu stellen, die sich der klaren Zuordnungen *jüdisch* und *nichtjüdisch* entziehen und deshalb – willentlich oder unwillentlich – häufig nicht wahrgenommen werden. Sie stellen unsere sonst scheinbar so gut funktionierenden Schubladen in Frage, stoßen uns darauf, wie brüchig unsere Kategorien sind und wie wenig wir damit unsere Welt tatsächlich fassen können. Denn es leben viele Jüdinnen und Juden im deutschsprachigen Raum und auch darüber hinaus mit

1 Einen Einblick in die Forschungslage gibt auch die Auswahlbibliographie, die zwar nur die zentralen Arbeiten nennt, aber dennoch zeigt, dass die meisten von ihnen jüngeren Erscheinungsdatums sind.

nichtjüdischen Partner_innen zusammen, es entstehen Kinder aus diesen Verbindungen und die Annahme, dass ‚die Juden' die Anderen seien, die klar von ‚uns' zu unterscheiden seien, ist ebenso problematisch wie jene, dass es eine klare, scharfe Grenzen zwischen ‚uns Juden' und ‚den Nichtjuden' gäbe. Doch eine Debatte um die Konstruiertheit dieser Grenzen und Definitionen, die nicht erst seit der jüdischen Zuwanderung aus den Staaten der ehemaligen GUS nach Deutschland, nicht funktionieren,[2] findet kaum statt. Besonders nach der Shoah ist die Auseinandersetzung darüber, wer Jude ist und wer nicht und vor allem wer dies zu entscheiden habe, aufgeladen wie nie.

Für gemischte Familien und vor allem Menschen mit vaterjüdischem Hintergrund führt das Matrilinearitätsprinzip nicht selten zu einer doppelten Ausgrenzung: So werden sie von ihrer nichtjüdischen Umwelt häufig als jüdisch wahrgenommen, während sie von jüdischer Seite als nichtjüdisch verstanden werden. Weiter zugespitzt ließe sich sagen, dass sie sich oft als jüdisch genug für Antisemitismuserfahrungen erleben, aber nicht als ausreichend jüdisch für einen positiven Zugang, unter dem häufig die Anerkennung durch jüdische Institutionen und das damit verbundene religiös-kulturelle Leben verstanden wird. In den Beiträgen dieses Bandes, die auf Interviews basieren, wird diese Erfahrung sehr eindrücklich beschrieben. Aber auch für Menschen mit jüdischer Mutter und nichtjüdischem Vater und für jüdisch-nichtjüdische Paarbeziehungen können spezifische Fragen bezüglich ihrer jüdischen Identität entstehen – etwa danach, welche Rolle Jüdischsein in ihrem Leben spielen und in welcher Form es an Kinder weitergegeben werden soll.

In den letzten Jahren wurde die Frage, wer eigentlich jüdisch sei, in jüdischen Gemeinden und Institutionen zunehmend diskutiert. Die

2 So wanderten etwa 50% der sogenannten Kontingentflüchtlinge auf Grund des sowjetischen Nationalitätengesetzes nach Deutschland ein, welches Jüdischsein patrilinear definiert. Dadurch galten die als Jüdinnen und Juden nach Deutschland Eingewanderten für die dortigen jüdischen Gemeinden aber (zunächst) nicht als jüdisch. Vgl. Yinon Cohen / Irena Kogan: Jewish Immigration from the Former Soviet Union to Germany and Israel in the 1990s. In: *Leo Baeck Institute Year Book* 50 (2005), S. 249–265; Karen Körber: Die Aufsteiger: Jung, europäisch, säkular: Eine Studie über das Selbstverständnis der zweiten Zuwanderergeneration aus der Ex-Sowjetunion. In: *Jüdische Allgemeine*, 20.12.2014. http://www.juedische-allgemeine.de/article/view/id/21080 (Zugriff am 02.07.2015).

schrumpfenden jüdischen Gemeinden müssen sich überlegen, wie ihre Zukunft aussehen soll und dabei auch den Umgang mit patrilinearen Juden überdenken, argumentierte beispielsweise Heinrich Olmer, der damalige Vorsitzende der Israelitischen Kultusgemeinde Bamberg, in seinem 2011 erschienenen Buch *Wer ist Jude?*[3]. Aus Perspektive der jüdischen Gemeinden sind die jüdisch-nichtjüdischen Beziehungen und Ehen Anlass zur Besorgnis, bedrohen sie doch, so mag es scheinen, den Fortbestand der jüdischen Gemeinschaft. Auch in der *Jüdischen Allgemeinen* erschienen in den letzten Jahren einige Artikel, die interreligiöse Beziehungen und Matrilinearität thematisierten: Zentral um Matrilinearität und deren Folgen für patrilineare Jüdinnen und Juden sowie für die jüdischen Gemeinden in Deutschland geht es 2006 in einem Artikel von Ruth Zeifert und 2011 bei Micha Brumlik.[4] Über die Ursprünge und Gründe für die matrilineare Transmission im Judentum schreibt 2013 Anette Boeckler.[5] Und 2007 und 2013 befassen sich – ebenfalls in der *Jüdischen Allgemeinen* – Sue Fishkoff und Fabian Wolff mit der Selbstbeschreibung als ‚halbjüdisch'.[6] Während Fishkoff in ihrem Artikel vor allem auf die Situation von Menschen mit jüdisch-nichtjüdischem Familienhintergrund in den USA eingeht, dabei aber weniger deren Akzeptanz als Jüdinnen und Juden durch jüdische Institutionen problematisiert, sondern vielmehr, dass sie mit ihrem Selbstverständnis als ‚halbjüdisch' sowohl bei orthodoxen als auch bei liberalen Gemeinden auf Ablehnung stoßen,

3 Heinrich C. Olmer: *Wer ist Jude? Ein Beitrag zur Diskussion über die Zukunftssicherung der jüdischen Gemeinschaft.* Würzburg: Ergon 2010.

4 Ruth Zeifert: Irgendwie jüdisch. Identitätsdilemma: Wenn der Vater Jude ist und die Mutter nicht. In: *Jüdische Allgemeine*, 17.08.2006. http://www.juedische-allgemeine.de/article/view/id/6317 (Zugriff am 14.08.2015); Micha Brumlik: Papa ante portas. Warum die Gemeinden auch Kinder jüdischer Väter als Mitglieder akzeptieren sollten. Ein Plädoyer. In: *Jüdische Allgemeine*, 06.01.2011. http://www.juedische-allgemeine.de/article/view/id/9427. (Zugriff am 14.08.2015).

5 Anette M. Boeckler: Identität. Das Mutterprinzip. In: *Jüdische Allgemeine*, 03.05.2013. http://www.juedische-allgemeine.de/article/view/id/15829 (Zugriff am 14.08.2015).

6 Fabian Wolff: Falsche Bruchrechnung. Warum der Begriff „Halbjude" auf den Index gehört. In: *Jüdische Allgemeine*, 16.06.2011. http://www.juedische-allgemeine.de/article/view/id/10568 (Zugriff am 14.08.2015); Sue Fishkoff: „Ja, ich bin Halbjüdin." Zwischen Ablehnung und Akzeptanz: In den USA bekennen sich immer mehr Kinder aus Mischehen zu beiden Seiten ihrer Identität. In: *Jüdische Allgemeine*, 23.08.2007. http://www.juedische-allgemeine.de/article/view/id/4280 (Zugriff am 14.08.2015).

kritisiert Fabian Wolff die unbeschwerte Verwendung des Begriffs. Den Begriff ‚halbjüdisch' auf Grund der Rolle, die er in der Judenvernichtung während des Nationalsozialismus spielte, ablehnend, befindet er ihn weiterhin als völlig unpassend, weil er das Bild einer jüdischen und einer nichtjüdischen Hälfte evoziere. Das Dilemma, dass der Begriff durchaus von Menschen aus jüdisch-nichtjüdischen Familien als Selbstbeschreibung verwendet wird, denen es nicht nur um die Akzeptanz ihres Jüdischseins, sondern auch um ihre anderen kulturellen und religiösen Hintergründe geht, deutet sich in seinem Text an. Er vermag es jedoch nicht aufzulösen.

2014 erschien ein Bericht zu Identitäten und Alltagspraktiken von Kindern aus gemischt jüdisch-nichtjüdischen Familien von Julia Bernstein für das JDC International Centre for Community Development, in dem die Autorin auch auf die Tagung „Hybride Identitäten" und die dort vorgestellten Konzepte und Überlegungen Bezug nimmt.[7] Bernstein beschreibt, dass die Heirat außerhalb der eigenen religiösen Gruppe von religiösen Autoritäten als „Einfallstor von Assimilation" wahrgenommen werde, obwohl es sich letztlich bereits um ihre Manifestation handele.[8] So scheint das Matrilinearitätsprinzip tatsächlich zum Ziel zu haben, den Zusammenhalt der jüdischen Gemeinschaft in der Diaspora zu sichern. Matrilinearität in der Transmission des jüdischen Status gab es allerdings nicht ‚schon immer', sondern es stammt aus der Zeit Esras, also um 444 v. u. Z., wie Christina von Braun und Micha Brumlik in ihren Beiträgen zu vorliegendem Band zeigen. Damals war das Verbot der ‚Mischehe' und das Matrilinearitätsprinzip eine Reaktion auf spezifische historische Umstände mit dem Ziel, Zusammenhalt und Fortbestand jüdischen Lebens zu sichern. Und so ist es nicht verwunderlich, dass heute unter veränderten gesellschaftlichen Bedingungen, die matrilineare Transmission des Judentums wieder zum Gegenstand von Auseinandersetzungen wird. Verknappt ließen sich diese veränderten gesellschaftlichen

7 Julia Bernstein: „Ab und zu Kosher, ab und zu Shabbat". Eine Studie zu Identitäten, Selbstwahrnehmungen und Alltagspraktiken von Kindern aus ‚mixed families' in Deutschland. JDC International Centre for Community Development, 2014. http://www.bjpa.org/Publications/downloadFile.cfm?FileID=21544 (Zugriff am 02.07.2015). Die von Julia Bernstein durchgeführte Studie wurde zeitgleich auch für Frankreich und die Niederlande erarbeitet und sollte die Forschungslücke schließen, die es verglichen mit den USA für Europa hinsichtlich dieses Themas gibt.

8 Ebd., S. 5.

Zusammenhänge anhand einiger sehr unterschiedlicher Entwicklungen beschreiben: wie der Massensäkularisierung, die seit dem Ende des 18. Jahrhunderts das jüdische Leben (in Europa) ergriffen hat; der Shoah sowohl mit der Definitionsmacht der Nazis, wer als jüdisch ermordet wurde, als auch mit er bis heute andauernden Bedeutung der Verfolgungsgeschichten in der Familie; der Existenz des Staat Israel als Alternative zur Diaspora, welcher patrilinear jüdische Menschen insofern anerkennt, als sie die israelische Staatsbürgerschaft erhalten können, wenn sie dort ohne Konversion auch nicht als Juden gelten; sowie nicht zuletzt postmoderne Identitätskonzepte, in denen nicht nur verschiedene Identitäten zusammengebracht werden, sondern Alltagspraktiken selektiv und höchst individuell zu Stande kommen.[9]

Die Notwendigkeit einer Benennung

Trotz dieser unbestreitbaren Lebensrealität, die in der Besorgnis um die Folgen von jüdisch-nichtjüdischen Ehen für das jüdische Leben eine Form der Anerkennung findet, verstehen sich Menschen aus ‚gemischten' Familien nicht als Gemeinschaft und verfügen über keine positiv besetzte Selbstbezeichnung. Es handelt sich nicht um eine Gruppe mit einem wie auch immer gearteten Wir-Gefühl – im Gegenteil fühlen sich Menschen teiljüdischer Herkunft oft eher vereinzelt. Sie sind nicht (oder zumindest kaum) organisiert und fühlen sich allein zwischen den Stühlen, die sie als jüdisch und nichtjüdisch beschreiben. Über sich selbst sprechen sie als ‚irgendwie jüdisch', ‚jüdisches Mischmasch' oder ‚ziemlich jüdisch'. Sie suchen also nach Worten, um ihr Verhältnis zum Judentum zu beschreiben, wie das besonders Ruth Zeiferts Vortrag in Zürich zeigte.

So war die erste Herausforderung im Vorfeld der Konferenz bereits die Findung eines Tagungstitels, der ja eine Benennung setzen und damit den Vorträgen und Diskussionen der Tagung vorgreifen musste, in denen der Titel wiederholt Gegenstand war. Uns war bewusst, dass wir damit eine erste Interpretation des Themas liefern würden, die auf der einen Seite die wissenschaftlichen Beiträge rahmen und auf der anderen die Erwartungshaltungen der Konferenzteilnehmer_innen prägen würde. Das vorrangige Ziel bestand

9 Bernstein: „Ab und zu Kosher, ab und zu Shabbat", S. 7.

dabei weniger darin, einen unproblematischen Begriff ins Feld zu führen, dann wäre der Begriff der Hybridität sicherlich die falsche Wahl gewesen, sondern stattdessen vielmehr einen zu finden, der eine positive Deutung vornimmt und das Potenzial des Neuen, des Vielfältigen und Reichhaltigen betont. Wie schon das Projekt *doppel:halb* mit seiner Namensgebung versuchte die Betitelung der Konferenz nicht das Defizitäre, nämlich das häufige Fehlen des anerkannten jüdischen Status, in den Vordergrund zu stellen, sondern stattdessen das Doppelte, das Mehr und mit dem Begriff der Hybridität ein wissenschaftliches Konzept in Anschlag zu bringen, um den Fokus auf das im Dazwischen der Kategorien neu Entstehende zu lenken.
Es erscheint symptomatisch, dass keine (akzeptierten) Bezeichnungen existieren. Dieser Umstand deutet an, was die Beiträge in diesem Band nachzeichnen: nicht nur wie sehr sich Menschen teiljüdischer Herkunft als vereinzelt wahrnehmen, sondern dass sie häufig herrschende Definitionen, allen voran die der jüdischen Orthodoxie, akzeptieren. Über eine funktionierende Selbstbezeichnung zu verfügen, bedeutet, über sich sprechen zu können, sich als Wir-Gruppe wahrzunehmen, zu einer ‚erzählten Gemeinschaft' zu zählen, letztlich real zu werden. Dies ist bis jetzt nicht geschehen. Gleichzeitig bedeutet es, sich in seiner Besonderheit wahrzunehmen, *jenseits* der schon bestehenden Kategorien, etwas Eigenes für sich in Anspruch zu nehmen und sich abzugrenzen. Deshalb soll an dieser Stelle nicht versäumt werden, auf die Unsichtbarkeit teiljüdischer Biographien und die sie betreffende Sprachlosigkeit hinzuweisen.
Doch im Fehlen eines *verwendbaren* Namens – auf der Tagung in Zürich fielen von Debatten und erläuternden Kommentaren begleitet Begriffe wie ‚halbjüdisch', ‚vaterjüdisch', ‚patrilinear' oder auch ‚halfjewish' und ‚halfbreed' – deutet sich auch die schwierige Geschichte der existierenden Begrifflichkeiten an. Der Begriff des ‚Halbjuden', stammend aus der Rassenlehre es 19. Jahrhunderts, dann verwendet in den Rassegesetzen der Nationalsozialisten, die direkt auf die Vernichtung hinführten, ist damit ebenso unwiderruflich durch seine Genese und Geschichte geprägt wie der der ‚Mischehe'. Es darf also nicht vergessen werden, dass es sich bei diesen Begriffen um soziale Machtkonstrukte handelt. Gerade die Figur des ‚Mischlings', sei es ein ‚Mulatte', ein ‚Bastard' oder ein ‚Halbjude', tendiert dazu, ein Weltbild zu stabilisieren, in dem sich ganzheitliche, homogene und essentialistisch gedachte Kulturen oder ‚Rassen' vermischen. Und die

Existenz des ‚Mischlings' ist es, die ebendiese Konstruktion wieder bestätigt und einheitliche ‚Rassen' und Kulturen zur ‚gesunden Norm' erklärt.[10]

Auch wenn der Begriff ‚Halbjude' in den USA viel unbefangener als Selbstbezeichnung benutzt wird, was Buchtitel wie *The Half-Jewish Book. A Celebration* oder auch das Internetforum *The Half-Jewish Network* zeigen, so ist doch die historische Situation in Deutschland nicht vergleichbar, weshalb der Begriff ‚halbjüdisch' für viele Menschen aus jüdisch-nichtjüdischen Familien keine mögliche Selbstbeschreibung bietet. Er wird dennoch verwendet und löst bei Jüdinnen und Juden Ablehnung aus.

Es bleiben also auch nach der Tagung und dem Erscheinen des vorliegenden Bandes bezüglich der Bezeichnungen noch offene Fragen bestehen: Auf der einen Seite für die Wissenschaft hinsichtlich einer theoretischen Konzeptionierung. Für diese hat Ruth Zeifert in oben erwähntem Vortrag und mit ihrer Bezugnahme auf Homi K. Bhabhas ‚Dritten Raum' bereits einen Anfang gemacht, den es lohnen würde, weiter zu verfolgen. Auch mit einer versuchsweisen Anbindung an die trans-Begriffe könnte die beginnende theoretische Annäherung fortgeführt werden.[11] Auf der anderen Seite für die ‚Betroffenen' und jüdischen Institutionen, für welche die Überwindung der Sprachlosigkeit auch ein wichtiger Schritt von Anerkennung und positivem Selbstbild sein könnte.[12] Die Auseinandersetzung über eine funktionierende (Selbst-)Bezeichnung ist eine Reaktion auf die geschehenden Ein- und Ausschlüsse. Sie ist der erster Schritt, jenseits etablierter Autoritäten die Definitionsmacht für sich in Anspruch zu nehmen.

10 Kien Nghi Ha: *Unrein Und Vermischt. Postkoloniale Grenzgänge durch die Kulturgeschichte der Hybridität und der kolonialen ‚Rassenbastarde'.* Bielefeld: Transcript 2010, S. 129–130.

11 Bei Julia Bernstein findet sich ebenfalls der Verweis auf Bhabhas Dritten Raum sowie auf kaleidoskopische Identitäten, wie sie u. a. Lars Dencik beschreibt. Vgl. Bernstein: „Ab und zu Kosher, ab und zu Shabbat.", S. 7; Lars Dencik: 'Homo Zappiens'. A European-Jewish Way of Life in the Era of Globalisation. In: Sandra Lustig / Ian Leveson (Hrsg.): *Turning the Kaleidoscope. Perspectives on European Jewry.* New York: Berghahn 2006, S. 79–105.

12 Die Sprachlosigkeit drückt sich häufig auch darin aus, dass in die englische Sprache ausgewichen und von ‚halfjewish', ‚mixed marriages' oder ‚mixed families' gesprochen wird, um den nationalsozialistisch belegten Begriff des ‚Halbjuden' und den ebenfalls kontaminierten Begriff der ‚Mischehe' zu umgehen.

Hybridität

Vergleichbar mit Heinrich Olmers Buch *Wer ist Jude?*, Micha Brumliks Artikel in der *Jüdischen Allgemeinen* und dem Forschungsbericht von Julia Bernstein für das JDC nehmen viele Beiträge eine jüdische Perspektive ein. Was ist hiermit gemeint?

Zwei verschiedene jüdische Blickweisen auf das Thema fallen auf: Erstens eine jüdische Perspektive, die häufig an Institutionen gebunden ist und sich dem Thema vor dem Hintergrund der Besorgnis um den Fortbestand der jüdischen Gemeinden nähert. Hier geht es darum, Einsichten zu erlangen, um wiederum Handlungsstrategien für jüdische Institutionen zu entwickeln, die zum Wohle der jüdischen Gemeinden sind – was auch immer das im Einzelnen bedeuten mag. Zweitens eine Perspektive auf das Jüdischsein und die jüdische Identifizierung von Menschen mit gemischten Familienhintergründen. So muss Christa Wohl in ihrem Beitrag feststellen, dass der Umstand, dass ihre Interviewpartner_innen sich signifikant häufiger über ihre jüdischen Großeltern äußerten als über ihre nichtjüdischen, sowohl dafür stehen kann, dass ihnen mehr Bedeutung zugemessen wird, als er auch Artefakt der Fragestellung sein kann. Das bedeutet, dass zwar zum einen Kinder jüdischer Väter und nichtjüdischer Mütter ihre eigene Identität anhand existierender Konzepte wahrnehmen und beschreiben, sie also die halachisch definierte Matrilinearität als Autorität anerkennen und sich an dieser weitgehend orientieren. Damit meine ich aber auch, dass die Forschungsfragen häufig darauf fokussieren, *wie jüdisch* Menschen mit teiljüdischem Hintergrund nun tatsächlich sind und wie ihr Verhältnis zu Judentum oder jüdischen Institutionen gestaltet ist. Die Forschungsperspektive schaut also verstärkt auf den jüdischen Anteil.

Der Begriff der Hybridität mit seiner streitbaren Bandbreite, an dessen einen Ende sein biologistischer Ursprung und an dessen anderen Ende das Konzept des Dritten Raums stehen, sollte für die Tagung eine andere Perspektive ermöglichen: Einen Blick auf das Neue, das in den Selbstverständnissen, den kulturellen und religiösen Alltagspraktiken entsteht, ein Blick auf die positive, immer schon existente, aber nun sichtbar gemachte Mischung und nicht auf den Mangel. Es sollte nicht nur dem ‚Entweder-oder' ein ‚Sowohl-als-auch' entgegengestellt werden, sondern weiter noch ein Blick auf das Dritte, das entsteht oder zumindest entstehen könnte, ermöglicht werden. Gleichzeitig verweist der Begriff der Hybridität auf eine Parallele: Im Zusammenhang mit Migration und anderen gesellschaftlichen Minderheiten wird bereits seit einigen Jahren von ‚hybrid identities' gesprochen. Bislang wird die jüdische Minorität in Deutschland jedoch noch selten mit Blick auf Ähnlichkeiten und Parallelen zu anderen Minoritäten hin untersucht, was an der besonderen Bedeutung liegen mag, die die Juden für das deutsche Selbstverständnis haben.[13] Die Verwendung eines Begriffs, der in anderen Zusammenhängen bereits länger Anwendung findet, könnte auch zu einer vergleichenden Perspektive ermutigen, welche die jüdisch-nichtjüdischen Familien in ihrer Bireligiosität und Bikulturalität als verwandt mit anderen kulturell oder religiös ‚gemischten' Familien versteht.

Das Tagungsformat und der Tagungsband

Das etwas ungewöhnliche Format der Tagung mit wissenschaftlichen Vorträgen und Workshops sowie einem gemischten Publikum aus Wissenschaftler_innen und ‚Betroffenen' ist dem heterogenen Organisationsteam mit seinen unterschiedlichen Interessen und Ansätzen geschuldet: dem Wunsch, wissenschaftliche Forschung zu bündeln und gleichzeitig einen Rahmen für Austausch und Gespräche zu schaffen, um mit dieser Schnittstelle vor allem eines zu bewirken, nämlich Menschen mit gemischt jüdisch-nichtjüdischen Familien sichtbar zu machen und von ihnen und ihren Erfahrungen zu erzählen. Neben den im vorliegenden Band versammelten Vorträgen gab es deshalb auch Workshops, die den Tagungsteilnehmer_innen in kleineren Gruppen einen strukturierten Austausch ermöglichten, während die Referent_innen zeitgleich in einem Netzwerktreffen Möglichkeiten und Potentiale aktueller und künftiger Forschungsprojekte diskutieren konnten. Da insbesondere die unterschiedlichen Bedürfnisse und Interessenslagen z. T. schwer zu vereinbaren waren, freuen wir uns über die positiven Rückmeldungen zum Tagungskonzept und die fortdauernden Wirkung der Veranstaltung.

Zu einer andauernden Auseinandersetzung soll auch der vorliegende Band beitragen, der einen Großteil der gehaltenen Vorträge

13 Michal Y. Bodemann: *In den Wogen der Erinnerung. Jüdische Existenz in Deutschland.* München: dtv 2002, S. 8.

versammelt und diese um Micha Brumliks einleitenden Essay zu Matrilinearität ergänzt. Auch wenn der vorliegende Band damit nur einen Teil der Konferenz festhält, versucht er doch, den gleichen Spagat wie die Tagung zu bewältigen: Wissenschaftliche Forschung zu bündeln – was im deutschsprachigen Raum zu diesem Thema bisher viel zu wenig geschehen ist – und gleichzeitig Forschungsergebnisse auch einer nichtwissenschaftlichen Leser_innenschaft zugänglich zu machen, die gemischte Familien aus eigenen Erfahrungen kennen und dem Thema mit einem persönlichen Interesse begegnen.
In seinem einführenden Essay rahmt Micha Brumlik das Thema Matrilinearität im Judentum religionsphilosophisch und zeigt deren Entstehungszusammenhänge auf. Elisabeth Beck-Gernsheim stellt die matrilineare Transmission im Judentum in einen größeren Zusammenhang im 20. Jahrhundert und zeigt mit Blick auf schwarz-weiße Familien und jüdisch-nichtjüdische Familien, wie widersprüchlich die Konsequenzen von regelhaften Zuordnungen und Kategorisierungen sein können. Christina von Brauns Beitrag über die virtuellen Genealogien verweist auf die Rolle, die Schriftlichkeit und Mündlichkeit für die Matrilinearität im Judentum spielen. Darauf folgen die Beiträge von Christa Wohl, Birgitta Scherhans und Madeleine Dreyfus, die auf qualitativen Interviews mit jüdisch-nichtjüdischen Familien aus dem deutschsprachigen Raum basieren. Während Wohl aus psychologischer Perspektive die narrative Konstruktion von Identität erwachsener Kinder aus ‚gemischten' Familien untersucht und dabei nicht nur die identitären Beschreibungsmuster ergebnisorientiert zusammenfasst, sondern auch konkreten Einblick in Lebensgeschichten und Familienkonstellationen gibt, stellt Scherhans die interreligiöse Ehe in den Mittelpunkt und untersucht mittels Paarinterviews, wie in jüdisch-christlichen Ehen, die in Deutschland nach 1945 geschlossen wurden, religiöse, kulturelle und traditionsgebundene Wertvorstellungen und Identifikationsangebote für die Kinder ausgehandelt werden. Dreyfus' Beitrag untersucht, ebenfalls aus psychologischer Perspektive, die Transmission jüdischer Religion und Kultur in jüdisch-nichtjüdischen Familien in der deutschsprachigen Schweiz.
Mit Catherine Grandsards Beitrag wird der Blick über den deutschsprachigen Raum hinaus geöffnet. Sie untersucht die Situation jüdisch-nichtjüdischer Familien in Frankreich, wo nach den USA und Israel die größte jüdische Gemeinschaft lebt. Aus ethnopsychiatrischer

Perspektive deutet sie die psychischen Probleme von Menschen aus jüdisch-nichtjüdischen Familien, wobei sie sowohl Menschen mit jüdischem Vater als auch mit jüdischer Mutter berücksichtigt. Adrian Wójcik und Michał Bilewicz untersuchen die Rolle, die eine jüdisch-nichtjüdische Herkunftsfamilie für jüdische Identität in Polen spielt. Ihre Forschung basiert auf einer quantitativen Studie mit standardisierten Fragebögen. Pearl Becks Beitrag gibt einen Einblick in die Situation jüdisch-nichtjüdischer Familien in den USA, wo die interreligiöse Ehe schon länger als in Deutschland ein zentrales Thema in den jüdischen Gemeinden und Institutionen ist. Sie vergleicht die Identifikation mit dem Judentum in jüdischen und jüdisch-nichtjüdischen Familien und beschreibt die Herausforderungen, vor denen jüdisch-nichtjüdische Paare stehen, wenn sie gemeinsame Kinder bekommen. Der letzte Beitrag des Bandes untersucht deutsch-jüdische Literatur und fragt, ob der Bindestrich zwischen dem ‚deutsch' und dem ‚jüdisch' als Minuszeichen gelesen werden kann oder ob es sich nicht vielmehr um ein Pluszeichen handeln müsste. Damit – und deshalb steht ihr Beitrag am Ende des Bandes – lenkt Joela Jacobs den Blick darauf, dass Hybridität in der deutsch-jüdischen Gegenwartsliteratur ein prominentes Thema ist, aber auch darauf, dass sie ohnehin überall besteht.

Die Tagung wäre nicht möglich gewesen ohne die Arbeitsgruppe *Hybride Jüdische Identitäten*, die die wissenschaftliche Konzeption und Organisation getragen hat, sowie ohne Prof. Dr. Jürgen Oelkers und das Erziehungswissenschaftliche Institut der Universität Zürich, die nicht nur an der Finanzierung maßgeblich beteiligt waren. Der Tagungsband verdankt die Möglichkeit seiner Drucklegung der Züricher Georges und Jenny Bloch Stiftung. Ihnen und allen Teilnehmer_innen der Tagung gilt an dieser Stelle Dank.
Joela Jacobs zitiert in ihrem Beitrag aus Zafer Şenocaks Roman *Gefährliche Verwandtschaft*, das man sich nicht aussuchen könne, wer man sei, das würden immer die anderen entscheiden – diese Erfahrung mache jeder, der einmal die Seiten wechseln wolle. Jene Erfahrung spiegelt sich auch in den vielen Vorträgen, die auf qualitativen Interviews mit Menschen aus gemischten Beziehungen und Familien basierten, wider – wahrscheinlich ebenso häufig wie sie Thema der Gespräche während der Tagungspausen war.

Schließen möchte ich diese Einleitung mit dem Wunsch, dass die Tagung und so auch der Sammelband Beiträge zu einer fortwährenden wissenschaftlichen wie individuellen Auseinandersetzung und Forschung sein mögen und zu einer Gesellschaft, in der man es sich eben doch aussuchen kann, wer man sein möchte und in der man keine Seite wählen muss.

Matrilinearität im Judentum
Ein religionshistorischer Essay

Micha Brumlik

1. Vorbemerkung

Die Frage, was Judentum ist, wer eine Jüdin oder ein Jude ist, wie man Jüdin oder Jude werden kann, ist eine Frage, die über rein religiöse Belange bei Weitem hinausgeht. So hat der Staat Israel sein Chok ha-Schwut, sein Rückkehrgesetz, seit Jahren den komplizierten Familienverhältnissen jüdischer Immigranten aus der Sowjetunion angepasst, bietet etwa der Zentralrat der Juden in Deutschland seit Neuestem spezielle Kurse für konversionswillige Kinder jüdischer Väter an, hat das Reformjudentum in den USA, in Nordamerika – anders als in Europa – schon seit langem beschlossen, dass auch Kinder jüdischer Väter Bat- oder Bar Mizwah werden können, sofern sie von diesen ihren Vätern nicht nur gezeugt, sondern eben auch jüdisch erzogen worden sind. Ansonsten ist Jüdin oder Jude, wer entweder von einer jüdischen Frau geboren wurde bzw. vor einem als legitim anerkannten Rabbinatsgericht (Bet Din) nach ausführlichem Lernen von Tora, Talmud und Halacha, von langjähriger halachischer Lebensführung, mehrfach geprüfter Entscheidung und entsprechenden warnenden Vorhaltungen förmlich konvertiert ist. Bezüglich des komplexen Verhältnisses von Ethnizität und Religion im Judentum heißt das, dass man durch eine religiöse Zeremonie zum Angehörigen eines Ethnos werden kann, während Personen, denen jede Religiosität gleichgültig oder gar verächtlich ist, im religiösen Sinne dann als Juden gelten, wenn sie auch nur von einer im Extremfall ebenfalls unreligiösen Mutter geboren wurden – sofern diese ihrerseits eine nachweislich jüdische Mutter hatte. Dabei geht es tatsächlich um die genealogische

Herkunft, die auch durch einen Religionswechsel der Mutter etwa zum Christentum oder Buddhismus nicht negiert wird: Beim israelischen Oberrabbinat wurden Personen als Juden anerkannt, deren Mütter in der Zeit des NS zum Christentum übertraten und diesen Schritt nach dem Krieg nicht rückgängig machten. Ihre dann volljährigen Kinder wurden als Juden anerkannt. Diese rabbinische Praxis steht in einem eigentümlichen Gegensatz zu den biblischen Quellen, auf die sich Juden gerne berufen, wenn sie sich des Alters ihrer Religion versichern wollen – einer Religion, die dann gerne schon als die Religion des Erzvaters Abraham („Avraham Avinu") ausgegeben wird. Freilich, Abraham war kein Jude, ebenso wenig wie er – sofern er überhaupt existiert haben sollte – ein Moslem war, wie das der Koran behauptet.

Zunächst sind also zwei Fragen zu klären: Wann entstand das Judentum als Religion und wann und unter welchen Umständen wurde die Matrilinearität als Kriterium der Zugehörigkeit durchgesetzt? Was weiß die Religionsgeschichte? Wer waren in der Antike ‚die Juden'?

2. Jehudim und Judaioi in der Antike

Die historisch dokumentierte Geschichte der Juden beginnt mit der Nennung ihres Namens. Dieser Name, die „Jehudim" oder auf Griechisch „Iudaioi", findet sich in einigen eher späten biblischen Schriften sowie auf einigen außerbiblischen archäologischen Zeugnissen, vor allem auf Münzen. Der Name selbst bezieht sich auf eine Provinz des Persischen Reiches, auf „Jehud" bzw. auf eine ansonsten unbekannte kleine Stadt im Siedlungsgebiet des Stammes Dan. Die biblischen Bücher, in denen sich dieser Name – im Unterschied etwa zu „Israel" oder „Haus Jakobs" – findet, sind das Prophetenbuch des Jeremia, das 2. Buch der Könige, die Bücher Esra und Nehemia sowie das Buch Ester – alles Bücher, die das Ende des kleinen Königreichs Juda, die Zeit des Babylonischen Exils, die Rückkehr aus diesem Exil sowie Begebenheiten aus dem späteren persischen Exil kennen. Diese biblischen Bücher umspannen den Zeitraum vom Jahr 587 v. u. Z., als der babylonische König Nebukadnezar Jerusalem eroberte und den Ersten, den sogenannten salomonischen Tempel zerstörte und nach assyrischem Brauch die führenden Schichten des Landes in die Verbannung nach Babylon führte, bis zum Jahr 538 v. u. Z., als der persische Großkönig Artaxerxes ein Edikt erließ, das es den Exilierten gestattete, nach Jerusalem zurückzukehren. Ein Jahr später wurde der Grundstein des Zweiten Tempels gelegt, wahrscheinlich 520 v. u. Z. wurde der Bau beendet und eingeweiht. Gegen Ende des fünften Jahrhunderts – im Westen hatten soeben die Griechen den Angriff der Perser erfolgreich abgewehrt – begründeten die am persischen Hof ausgebildeten Esra und Nehemia, Esra ein Priester und Nehemia ein Hofbeamter, Religion und politische Verfassung dieser vor allem um Jerusalem zentrierten, kleinen Satrapie, die im Rahmen des Persischen Reiches eine begrenzte Autonomie genoss, ohne indes politisch unabhängig zu sein. Davon zeugen in der Mitte des vierten Jahrhunderts geprägte Münzen, während umgekehrt das biblische Buch Ester und Papyri aus einer unterägyptischen Militärkolonie sowie Tontäfelchen aus Babylon beweisen, dass Juden als „Juden" auch außerhalb der persischen Satrapie „Jehud" eine bekannte und wohlsituierte Gruppe darstellten. Die biblischen Bücher Jeremia, 2. Könige, Esra und Nehemia sowie Ester wurden aller Wahrscheinlichkeit nach im vierten oder dritten Jahrhundert vor der Zeitrechnung auf Basis älterer Quellen verfasst – mit Ausnahme des prophetischen Buches Jeremia, von dem man annehmen kann, dass es tatsächlich 250 Jahre früher, zu Beginn des sechsten Jahrhunderts christlicher Zeitrechnung verfasst wurde. Hält man sich daran, dann wird der Begriff „Juden" erstmals von Jeremia erwähnt – anlässlich eines heftigen Wortwechsels, den der letzte König von Juda, Zidkija, im belagerten Jerusalem mit Jeremia führte. Zidkija, der mit Jeremia in Streit geriet, weil dieser weiteren militärischen Widerstand gegen die militärisch übermächtigen Babylonier für sinnlos hielt, hielt dem Propheten entgegen: „Ich habe Angst vor den Juden, die zu den Chaldäern übergelaufen sind, dass man mich ihrer Gewalt preisgibt und sie ihren Mutwillen an mir auslassen" (Jer 38,19). Jeremia, der die judäische Oberschicht später ins Exil begleiten wird, versuchte den König zu beruhigen, ohne ihm die Härten des künftigen Exils zu verschweigen. Der Eintritt der Juden als „Juden" in die Geschichte vollzieht sich also in einem Zeitraum von mehr als zweihundert Jahren – zwischen der Zerstörung des Ersten Tempels im Jahr 587 v. u. Z. und dem Erlass Esras, dass alle männlichen Angehörigen der israelitischen Stämme, die zurückgeblieben waren, sich aus theologischen Gründen von jenen Frauen, die anderen Völkern angehörten, trennen mussten – vermutlich im Jahre 400 vor der Zeitrechnung.

Die biblischen Berichte, die – was die Gründung eines eigenen, halbautonomen Staatswesens betrifft – durch Münzfunde aus dem späten vierten Jahrhundert beglaubigt werden, berichten somit von einer etwa 150 Jahre währenden ‚Ethnogenese' der Juden. In diesem Zeitraum entstanden eine Ethnie und eine Religion, die sich zwar sehr wesentlich auf die Überlieferungen und Glaubensbücher des antiken Israel und der Könige von Juda stützen konnten, aber dennoch insofern als neu zu betrachten sind, als sie ohne die Erfahrung jener kleinen exilierten Oberschicht in Babylon nicht zu denken sind. Die jüdische Religion entstand also weder in Israel noch in Juda, sondern am babylonischen Hof; und während die Wiedererrichtung des Tempels ein Wiederanknüpfen an die Vergangenheit der mythischen Könige David und Salomon suggerierte, stellte doch Esras Trennungsedikt mehr und anderes dar: eine Neugründung auf der Basis der göttlichen Weisung, die wiederum von einem Nichtjuden, dem persischen König Artaxerxes befohlen wurde. Es war Artaxerxes, der Esra, einen aus vornehmer, priesterlicher Familie stammenden Schreiber, anwies, all jene Abkömmlinge exilierter Familien, die nach Jerusalem und Juda zurückkehren wollten, anzuführen: „Du aber Esra", so lautete die Vollmacht, die der König Esra ausstellte,

> bestelle nach der Weisheit des Gottes, die du besitzt, Schreiber und Richter, dass sie dem ganzen Volk jenseits des Stroms Recht sprechen, allen, die das Gesetz deines Gottes kennen. Wer es aber nicht kennt, den sollt ihr belehren! Über jeden, der das Gesetz deines Gottes und das Gesetz des Königs nicht pünktlich beobachtet, soll schnell ein Urteil gefällt werden, sei es zum Tode, zur Verbannung, zu Geldstrafe oder Gefängnis. (Esra 7,25/26)

Artaxerxes hatte den Gott Israels mit dem ihm bekannten Himmelsgott identifiziert, so wie umgekehrt nicht wenige exilierte Judäer den ihnen bekannten Gott JHWH im Licht von Gestalten und Formen der babylonisch-persischen Götterwelt neu erfuhren. Die alttestamentliche Bibelwissenschaft geht jedenfalls davon aus, dass wesentliche Teile der Tora, der fünf Bücher Moses, im Babylonischen Exil entstanden sind; zumal das Buch Genesis mit seinen anthropomorphen Vorstellungen eines allmächtigen, mit der Technik eines Töpfers wirkenden Schöpfergottes, der zuvor – wie ein absoluter, orientalischer Herrscher – nur durch seine Anweisungen eine Welt in die Existenz rufen kann, von dieser Vorstellungswelt zeugt – einschließlich der Schlange, die Adam und Eva versuchen sollte.

In Babylon oder später in Jerusalem entstanden während dieses Zeitraums zudem die Prophetenbücher Maleachi und Obadja, womöglich die Weisheitsbücher Hiob und Sprüche, die Liebesdichtung Hohes Lied sowie die theologische Novelle Ruth, die eine Kritik an Esras Scheidungsedikt enthält. Im Buch Ruth wird das heilsgeschichtliche Lob einer frommen Moabiterin gesungen, die sich ohne Wenn und Aber zu ihrer jüdischen Schwiegermutter bekennt, womit sich die entstehende jüdische Religion von der Eingrenzung auf eine stammesbezogene Herkunft löst und den in dieser Religion verehrten Gott Israels ganz im Einklang mit den großen Propheten als den Gott aller Menschen proklamiert. Festzuhalten ist allerdings, dass das Buch Ruth, sofern es denn einen historischen Kern kennt, keine Konversionszeremonie erwähnt. Ruth wird zur Angehörigen des Volkes ihrer Schwiegermutter, weil sie mit ihr in deren Landgemeinde zieht und dort einen neuen Gatten findet. Weiterer Schritte als einer Hochzeit bedurfte es nicht, um Teil des Volkes „Israel" zu werden.

Neben dem monotheistischen Universalismus der im fünften und sechsten Jahrhundert entstandenen jüdischen Religion ist es vor allem die Erfahrung des Exils, die diese Religion schon früh prägt. Manche Psalmen, vor allem Psalm 137, berichten in stark stilisierter Weise vom Heimweh nach Zion und von einer Verbannung, die zugleich als Entfremdung von Gott erfahren wird. Babylonische Erfahrungen artikulieren auch die Propheten Jeremia, der als die eigentliche Schlüsselfigur eines diasporischen, universalistischen Judentums von Jerusalem nach Babylon mitzog, sowie Ezechiel, dem die entstehende jüdische Religion visionäre Ausblicke auf Gott und sein himmlisches Königreich sowie den Gedanken einer Auferstehung der Toten verdankt. Das Buch Ruth immerhin nennt als erstes biblisches Buch Gott den „Gott der Lebenden und der Toten." (Ruth 2,20)

3. Tempel und Priester

Das Judentum, das als Religion gleichzeitig mit der achaemanidischen Herrschaft unter Bezug auf alt-israelitische Traditionen von einer Gruppe um die Hofbeamten Esra und Nehemia gegründet wurde, hatte als eines seiner Zentren den Tempelkult in Jerusalem. Neu und ungewöhnlich daran war die Exklusivität dieses Kultes. Dass Götter und Göttinnen in der Antike in zentralen Heiligtümern verehrt wurden, war nichts Außergewöhnliches: Die Artemis im Tempel zu

Ephesus, der Zeus in Dodone, Apollon in Olympia sowie der ägyptische Sonnengott Ra in Memphis. Neu und außergewöhnlich war, dass die Bekenner des in Jerusalem verehrten JHWH ihn und nur ihn anbeteten bzw. ihm und nur ihm opferten. Damit wiederholten sie in gewisser Weise ein einige Jahrhunderte zuvor im Pharaonenreich gescheitertes Experiment – den Versuch des jungen Pharao Amenophis IV., der auch als Echnaton bekannt wurde, nur noch den Sonnengott Aton als einzigen Gott auf Kosten der Verbannung und Auslöschung aller anderen Mitglieder des Pantheons gelten zu lassen. Dieser nach einigen Jahren unter heftigen Konflikten mit den Priesterschaften anderer Gottheiten blutig gescheiterte Versuch gilt spätestens seit Sigmund Freuds letzter Schrift, *Der Mann Moses und die Entstehung des Monotheismus* als heimlicher Vorläufer des jüdischen Monotheismus, ohne dass dafür wirklich überzeugende Beweise vorgelegt werden konnten – sieht man von dem Umstand ab, dass die biblischen Schriften tatsächlich Moses als jemanden beschreiben, der am Pharaonenhof groß geworden ist. Dabei bieten die biblischen Schriften, die die Entstehung des Ein-Gott-Glaubens in den beiden Staaten des alten Israel, im Rahmen einer konflikthaft durchgesetzten Kultzentralisation, dokumentieren, ein unklares Bild hinsichtlich der Frage, ob die Existenz anderer Götter zwar eingeräumt wurde, die Ehre indes nur JHWH zukam oder ob die Existenz anderer Götter verneint wurde. So oder so, ob nur verweigerter Respekt anderen Göttern gegenüber oder grundsätzliche Bestreitung ihrer Existenz – beides ließ die Anhänger_innen JHWHs in der grundsätzlich polytheistischen Alten Welt als „gottlos“ erscheinen. Bedeutsam und in unserem Zusammenhang entscheidend ist auf jeden Fall der Umstand, dass der in Jerusalem zentralisierte Tempelkult einer Priesterkaste bedurfte, die – zwar aus Kohaniten und Leviten zusammengesetzt – in den nächsten Jahrhunderten auch die weltliche Herrschaft zunächst im hasmonäischen Königreich, später dann – bis zur römischen Eroberung und zur Zerstörung des Zweiten Tempels – in der römischen Provinz Judäa einnehmen sollte.

4. Juden als Ethnos

Vieles spricht dafür, dass die Vollendung des Monotheismus, also die Annahme, dass nicht nur ein Gott verehrungswürdig sei, sondern dass es überhaupt nur einen Gott gebe, im Babylonischen Exil entstanden ist. Erst dieser – wenn man so will – systematische, theologische oder auch philosophische Monotheismus ist es, der die Neuartigkeit und Eigentümlichkeit der jüdischen Religion ausmachte. Und nur dadurch, dass diese außerhalb des Landes Israel entstandene Religion im Rahmen persischer Großmachtpolitik im Land Israel, in „Jehud", in Judäa, in den Grenzen einer Satrapie, eines unselbstständigen Vasallenstaates, ein eigenes Kultzentrum, in dem genau dieser Gott verehrt wurde, erhielt, entstand die für das Judentum charakteristische Spannung zwischen Universalismus und Partikularismus, von diasporischer Existenz und dem Streben nach einer geographisch-religiösen Heimat. Gleichzeitig mit der historischen Konstitution des Judentums tritt auch das erste Mal politisch organisierter Judenhass, ja ein geradezu eliminatorischer Antisemitismus auf. Das Buch Esther, das Begebenheiten aus der Zeit und am Hof des Artaxerxes schildert, berichtet von dem königlichen Wesir Haman, der die Juden im persischen Reich ausrotten wollte: „Es gibt ein Volk", so der Wesir zu seinem König,

> das zerstreut und abgesondert unter den Völkern in allen Provinzen deines Reiches lebt. Ihre Gesetze unterscheiden sich von jedem Volk, und die königlichen Verordnungen beobachten sie nicht. Deshalb ist es nicht angemessen für den König, sie in Ruhe zu lassen. Wenn es dem König gefällt, soll man ein Schriftstück abfassen, sie auszurotten. (Est 3,8/9)

Der König verfasste dieses Edikt, das ausdrücklich vorsah, alle Juden, einschließlich ihrer Frauen und Kinder mit dem Schwert ausgerottet werden sollten, damit „die Staatsgeschäfte ständig wohlgeordnet und unerschüttert bleiben." (Est 3,13) Dank der jüdischen Gemahlin des Artaxerxes, Esther, konnte dieser erste geplante Verwaltungsmord der Weltgeschichte mit der Folge vereitelt werden, dass Haman und seine Anhänger aufgehängt und umgebracht wurden. Als was, so ist zu fragen, wurden die Jehudim, die da im ganzen (!) Reich des Artaxerxes (also immerhin von Anatolien bis zur Westgrenze des heutigen Afghanistans) lebten, wahrgenommen? Und wie verstanden sie sich selbst? Das Buch Esther spricht von „Volk" – in der hebräischen Fassung „Am", in der griechischen „Ethnos". Handelte es sich um eine bestimmte, von der persischen Staatsreligion abweichende Kultform? Um eine abgegrenzte Sprach- oder gar um eine Siedlungsgemeinschaft? Das Buch Esther, gewiss keine hundertprozentig zuverlässige historische Quelle, geht davon aus, dass die Juden zerstreut lebten,

sie demnach keine Siedlungsgemeinschaft darstellten, sie gleichwohl eigenen, abweichenden Gesetzen folgten – von Glaube und Kult ist hier nicht die Rede; Stein des Anstoßes waren ‚eigene Gesetze'. Um welche königlichen Gesetze, die die Jehudim angeblich nicht beachtet haben, es sich handelt, lässt sich heute nicht mehr klären.
Das Gründungszeitalter des Judentums endet mit der Eroberung des Persischen Reiches durch den makedonischen König Alexander den Großen – vor seiner Eroberung des geschwächten und überdehnten Persischen Reiches entstehen in Jerusalem wahrscheinlich die Bücher Chronik, die Bücher Esra und Nehemia, die Prophetenbücher Joel und Sacharja sowie die erbaulichen Bücher Jona und Tobit.

5. Frühe Polemik gegen Mischehen?

Als letzten Propheten führt der jüdische, der sog. masoretische Bibelkanon den Propheten Maleachi auf. Er polemisiert gegen die Priesterschaft des Tempels und beschwört einen Tag Gottes, an dem die Gottlosen bestraft werden. Viele Ausleger deuten Maleachis Eifer wider Gräuel, die in der Freiung der Tochter eines fremden Gottes bzw. in der Scheidung von der Frau der eigenen Jugend bestehe, sozialgeschichtlich als Wiederaufnahme von Esras Polemik gegen „Mischehen", wobei es immer nur um die Gefährdung des Glaubens durch Ehepartner ging, die zu anderen Göttern beteten. Indes: schon andere Propheten hatten das Verhältnis von Gott und Israel im Bilde einer Ehe gedeutet und so spricht doch manches dafür, dass die Aussage : „Denn Juda hat entweiht das Heiligtum JHWHs, das er liebt und hat die Tochter eines fremden Gottes gefreit" (Mal 2,10–16) so zu lesen ist, dass – was auch der ebenfalls in Babylon lebende Prophet Ezechiel sah – im Tempel zu Jerusalem auch andere Götter als der bildlose JHWH verehrt wurden; nicht nur Götter, sondern auch Göttinnen. Ohne Zweifel ist der biblische Eigenname Juda bei Maleachi als Bezeichnung für die Juden insgesamt gemeint, aus persischer Zeit sind jedenfalls Dokumente nicht-biblischer Art überliefert, wonach jüdische Militärkolonisten in Unterägypten dem JHWH eine Gemahlin, eine Aschera, zuordneten und diese auch anbeteten. Dass diese kultische Praxis dann auch das strikte Endogamiegebot des Esra unterhöhlen würde, liegt auf der Hand.
Die Formationsperiode der jüdischen Religion zwischen dem Ende des Königreichs Juda, dem Edikt des Esra und der Eroberung des

Persischen Reichs durch Alexander beginnt mit Jeremia, mit einer das Exil und eine universalistische Erweiterung der Stammesreligion des alten Israel begrüßenden prophetischen Stimme hier und einem auf strikte Grenzen und Konzentration aufs Eigene setzenden Beharren, wie es sich bei Maleachi Bahn bricht. Im Wechselspiel zwischen diesen beiden Motiven und Spannungsbögen: Universalismus und Partikularismus – Diaspora und Zion – wird sich in Zukunft das Selbstverständnis der Juden je neu entfalten. Dass sich das historische Schicksal einer Gruppe allerdings nicht nur nach ihren eigenen Sinnentwürfen gestaltet, sondern sehr viel mehr noch dem Wirken ungewollter, anderer Einflüsse und Mächte geschuldet ist, sollte die weitere Geschichte des jüdischen Volkes zeigen, das spätestens seit dem dritten Jahrhundert v. u. Z. den anderen Völkern der damaligen, nun unter dem Einfluss des Hellenismus stehenden Epoche wohl bekannt war und damit von einer subjektiven, vor allem der eigenen Überlieferung nach existierenden Erinnerungsgemeinschaft zu einer objektiven historischen Größe wurde.

6. Zugehörigkeit

Sowohl Esra mit seinem Scheidungsedikt als auch Maleachi scheinen davon zu zeugen, dass zu den Jehudim nur gehören konnte, wer keinen Ehepartner, genauer keine Ehepartnerin hatte, die anderen als dem Gott Israels anhing, wobei freilich Esras Scheidungsedikt, auf das bekanntlich das Buch Ruth reagierte, nur davon spricht, dass jüdische Männer ihre nichtjüdischen Ehefrauen wegzuschicken hatten. So fragt sich, was im anderen möglichen Fall, nämlich dem Fall von jüdischen Frauen, die mit nichtjüdischen Männern verheiratet waren, geschehen sollte. Dass hier eine Lücke klafft, ist unübersehbar. Sie ist indes der stärkste Beweis dafür, dass jedenfalls zu Esras Zeiten, also zur Zeit der historischen jüdischen Religion das Matrilinearitätsprinzip gerade noch nicht galt. Warum, so fragt sich, war es nötig, die nichtjüdischen Frauen wegzuschicken, wenn sich doch die Zugehörigkeit zum jüdischen Ethnos ohnehin – wie in allen anderen mediterranen Kulturen – nach der Zugehörigkeit des Vaters richtete? Die systematische Antwort auf diese Frage werden erst sechs Jahrhunderte später die Weisen der Mischna liefern. Gleichwohl lässt sich aus Esra schließen, dass jüdische Frauen ihre nichtjüdischen Männer nicht wegschicken mussten? Oder dass es solche Verbindungen gar nicht gab? Oder dass sie – sofern es sie gab – als unerheblich angesehen wurden? Oder nicht vielmehr, dass die entstehende jüdische Religion in der Ehe nun doch etwas Besonderes – zwar kein Sakrament im katholischen Sinne – wohl aber eine Legitimitätsquelle hohen Ranges sah, die darüber entschied, ob die Nachkommenschaft einer Person als legitimes Mitglied der Gemeinschaft gelten konnte oder nicht? Aus Esras Edikt lässt sich indirekt wenigstens dieses Eine erschließen: Um Mitglied des religiös ausgerichteten Ethnos der Jehudim zu sein, mussten Menschen in einer legitim, d.h. zwischen zwei Juden geschlossenen Ehe, geboren sein. Mit einer solchen Regelung standen die Jehudim keineswegs alleine: Etwa zur gleichen Zeit führte hunderte Kilometer weiter westlich in Athen der Stratege Perikles eine entsprechende Regelung ein, wonach nur Kinder, die zwei attischen Bürgern – Mann und Frau – geboren wurden, das attische Bürgerrecht erwerben konnten. An dieser Stelle ist nur festzuhalten, dass das Kriterium der Legitimität einer Ehe zwischen Juden ein völlig anderes ist als das Kriterium, lediglich von einer jüdischen Mutter geboren worden zu sein.

7. Legitimität des Kidduschin

Doch ist mit der Forderung nach absoluter Legitimität jüdischer Ehen, also mit „Kidduschin“, noch kein Prinzip der Matrilinearität etabliert. Tatsächlich lassen die religionshistorischen Quellen keinen Zweifel daran, dass das Matrilinearitätsprinzip frühestens in Rabbinischer Zeit, also nicht vor der Zerstörung des Zweiten Tempels, womöglich noch vor der Niederschlagung des Bar-Kochba-Aufstandes etabliert wurde. Shaye J. D. Cohen hat dieser Frage eine bahnbrechende Monographie unter dem Titel *The Beginnings of Jewishness. Boundaries, Varieties, Uncertainties* gewidmet, in der er zunächst nachweisen kann, dass Juden in der griechisch-römischen Antike vor dem Jahre 90 abgesehen von ihren religiösen Bräuchen in keiner Hinsicht von anderen Menschen zu unterscheiden waren und es weiterhin keine öffentlich nachprüfbaren Verfahren gab, um festzustellen, ob jemand – sieht man einmal von der männlichen Pflicht zur Beschneidung ab – zu Recht zum Judentum konvertiert ist.[1]

1 Shaye J. D. Cohen: *The Beginnings of Jewishness. Boundaries, Varieties, Uncertainties*, Berkeley / Los Angeles / London: University of California Press 1999.

Die klassischen Belegstellen für das Matrilinearitätsprinzip in seinen beiden Teilen finden sich zunächst in der Mischna, in Kiddushin 3,12, wo es um die Legitimität von Kindern geht, die aus nicht legitimen sexuellen Verbindungen hervorgehen, bzw. in Yevamot 4,13, wo es ebenfalls um die Stellung eines „Mamsers"[2] geht. Nach einer sorgfältigen Analyse von sieben möglichen Gründen für die Einrichtung des Matrilinearitätsprinzips (Belege aus dem Tanach, Bezug auf Esra, Hinweise auf die Ungewissheit der Vaterschaft, auf die Intimität des Mutter-Kind-Verhältnisses, Rückstände eines archaischen Matriarchats, einem Verbot der Vermischung einander entgegengesetzter Substanzen) kommt Cohen zu dem Schluss, dass die wahrscheinlichste Lösung des Problems in einer stillschweigenden Übernahme römischer Rechtsgrundsätze lag, die Kinder ebenfalls unter allen Umständen ihren Müttern zuordneten. Letzten Endes muss auch Cohen anlässlich der Erkenntnis, dass bis zur Zeit der Mischna unter den Juden nur das Patrilinearitätsprinzip galt, einräumen: „Why, then, did the rabbis break with previous practice! I do not know."[3]
Vielleicht liegt die Antwort freilich dort, wo Cohen sie bei den Athenern, nämlich bei der perikleischen Gesetzgebung zur attischen Staatsangehörigkeit, und auch bei den Römern gefunden hatte, nämlich im Bereich des Politischen. Womöglich hat Cohen trotz seiner intensiven Beschäftigung mit den einschlägigen Passagen aus der Mischna eine ihrer wesentlichen Informationen nicht beachtet. So heißt es in Kidduschin 3,12:

> Immer wenn Verlobungen gültig sind und keine Übertretung eines Eheverbots damit verbunden ist, geht das Kind nach dem männlichen Geschlecht. Und wann ist das? Sofern die Tochter eines Priesters, eines Leviten oder eines Israeliten einen Priester, einen Leviten oder einen Israeliten heiratet [...]. Und immer, wenn eine Verlobung mit ihr ungültig ist, aber die Verlobung mit einem anderen, ist das Kind ein Bastard. Und wann ist das? Das ist dann, wer zu einer der von der Tora wegen Blutsverwandschaft als verboten angegebenen Frauen eingeht. Und immer, wenn sowohl seine wie auch eines anderen Verlobung ungültig ist, ist das Kind wie sie.

Eine ähnliche Regelung sieht Yevamot 7,5 vor, wo bestimmt wird, dass die Tochter eines Israeliten mit einem Kohen verheiratet war

2 Ein ‚Mamser' ist ein Kind aus einer nach jüdischem Eherecht ‚verbotenen' Beziehung, nicht aber zwangsläufig Kind einer unehelichen Beziehung. Vgl. dazu Walter Homolka: *Das jüdische Eherecht.* Berlin: de Gruyter 2009, S. 46–48.

3 Cohen: *The Beginnings of Jewishness*, S. 305.

oder dass die Tochter eines Kohen mit einem Israeliten verheiratet war und dieser Ehe eine Tochter entsprang und „diese Tochter mit einem Sklaven oder einem aus den Völkern verheiratet wurde und dieser Verbindung ein Sohn entsprang – dann ist dieser Sohn ein Mamser."
Für zusätzliche Verwirrung sorgt in diesem Zusammenhang der Mischnatraktat Bikkurim 1,4–5, in dem etwa festgelegt wird, welche Personen zwar beim Erntedank Früchte zum Altar zu bringen, aber kein Dankgebet zu sagen haben. Konvertiten müssen Früchte bringen, dürfen aber das Gebet nicht rezitieren, da für sie nicht die Verheißung des Deuteronomiums (26,3) gilt, dass Gott ihren Vätern das Land zugeschworen habe – es sei denn, seine Mutter sei aus Israel. Aber was soll das heißen? Unter welchen Umständen kann von Konvertiten die Rede sein, die eine jüdische Mutter haben? Gleichermaßen heißt es: „Eine Frau, die die Tochter von Proselyten ist, darf nicht in die Priesterschaft einheiraten – es sei denn, ihre Mutter stamme aus Israel." (Bikkurim 1,4–5) Was soll es heißen, dass die Tochter von Proselyten eine Mutter hat, die aus Israel kommt? Hat man sich vorzustellen, dass Menschen aus Israel einem anderen Glauben als dem des Gottes Israels angehörten? Ohne diese Frage hier klären zu können, sei wiederum darauf verwiesen, dass auch dem Verhältnis von Israel und seiner Priesterschaft besondere Bedeutung zugemessen wird. Ich vermute, dass die Lösung des Rätsels der Matrilinearität in genau diesem Spannungsverhältnis liegt.

8. Hohepriester, Pharisäer und eine Königin

Die talmudischen Quellen erwähnen auffällig oft die Tochter eines Hohepriesters bei zweifelhaften Fällen von Kidduschin, woraus sich rückschließen lässt, dass deren Verheiratung zu Zeiten, als der Tempel noch stand und der kohanitische Priesterstand wie zu Zeiten des Hellenismus und der Hasmonäer, ja sogar noch zu Zeiten der julischen Kaiser über erheblichen politischen Einfluss, wenn nicht sogar über politische Macht verfügte. Bekannt ist auch, dass zu hasmonäischen Zeiten schon eine erbitterte Konkurrenz zwischen den Tempelpriestern und der zunehmend an Einfluss gewinnenden Gruppe der Pharisäer herrschte, ja, dass sogar das hasmonäische Herrscherhaus in einzelnen Fällen die Pharisäer gegen die Priesterschaft unterstützte – so im Falle der hasmonäischen Königin Salome

Alexandra, auf Hebräisch Schelom-Zion genannt, der letzten hasmonäischen Herrscherin, bevor Judäa seine politische Unabhängigkeit verlor.„Die Königin Alexandra", so Josephus im 24. Kapitel seiner *Jüdischen Altertümer*,

> sprach mit den Pharisäern, wie ihr Mann es ihr gesagt hatte, und versicherte ihnen, dass sie, was ihre eigene Person und die Regierungsführung angehe, nichts ohne ihren Rat tun würde. So wandelten den Hass, den sie für ihn [Alexander Jannai, M. B.], sie in Zuneigung zu ihr, führten dem Volk die großen Taten dieses Fürsten vor Augen und sagten, man habe in ihm einen wirklich guten König verloren.

Josephus rühmte diese Königin noch weiter:

> Durch ihre Taten bewies sie, dass sie wohl zu befehlen wusste, und jene Prinzen, die sich ihrer Stellung in der Welt so unwürdig erweisen, beschämen konnte. Sie befasste sich ausschließlich mit dem gegenwärtigen Nutzen für ihr Reich, ohne sich von dieser wichtigen Tätigkeit durch nutzlose Gedanken über die Zukunft ablenken zu lassen. Sie glaubte, dass bei der Regierung Mäßigung allem andern vorzuziehen sei, und dass man niemals etwas unrechtes oder unehrenhaftes tun sollte.

Indem diese Königin schließlich ihren Sohn, der ebenfalls ein Parteigänger der Pharisäer war, zum Hohepriester, zum Kohen ha Gadol, ernannte, wurden die Pharisäer zur eigentlichen Macht im Lande: „Die Königin gab eigentlich nur den Namen für die Regierung her", so Josephus in den *Jüdischen Altertümern*, „während in Wirklichkeit die Pharisäer die Gewalt in Händen hatten. Denn sie riefen Verbannte zurück, ließen Gefangene frei und unterschieden sich überhaupt in nichts von wirklichen Herrschern." Mit der Zerstörung des Tempels war bekanntlich nicht nur die herrschende Rolle eines jeden judäischen Königshauses – nach den Hasmonäern waren es die idumäischen Herodianer – ein für allemal beendet und die den Pharisäern und Schriftgelehrten entstammenden Rabbinen gründeten das Judentum als Gelehrtenaristokratie mit Sitz zunächst in Javne, später in Uscha (Galiläa), neu. Sie konnten damit durchaus das Erbe der Hasmonäer antreten, zu deren Zeit, jedenfalls bei Josephus, ebenfalls nicht mehr bekannt war, wer genau der zadokidischen Dynastie entstammte. Bekanntlich setzten die Rabbanim in den „Pirkei Awot" an die Stelle der aaronitischen Abstammungslinie der Kohanim eine andere Abstammungs- und Traditionslinie: Von Mose über Joshua zu den Männern der großen Versammlung.

9. Eine Hypothese

Man könnte – und mit dieser Vermutung will ich schließen – die These aufstellen, dass die durch Königin Alexandra und den verlorengegangen Krieg gegen die Römer an die Macht gekommenen Rabbanim es dem weiblichen Geschlecht nicht gedankt haben. Ich vermute, dass die Rabbanim bei ihrer Umgründung des Judentums – jedenfalls für jene Zeit, in der kein Tempel steht – jeden politischen Anspruch der Hohepriester und jede Legitimität der Priesterschaft systematisch verneint haben, um an ihre Stelle sich selbst, d. h. die Gelehrten, zu setzen. Von der einstigen Macht der Kohanim blieb im Rabbinischen Judentum nicht mehr übrig als das Privileg, als erste zur Tora aufgerufen zu werden. Damit wurde auch die judäische Kastengesellschaft in eine meritokratische, d. h. in eine auf den Verdienst des Lernens beruhende Gelehrtenrepublik umgewandelt. In diesem Prozess spielte meiner Vermutung nach das Matrilinearitätsprinzip eine entscheidende Rolle: Indem es von nun an unerheblich war, von welcher Kaste ein Jude oder eine Jüdin abstammte und es nur noch auf die jüdische Herkunft *sans phrase* ankam, wurde deutlich, dass kastenbezogene Geburtsprivilegien ihre Kraft verloren hatten. Freilich zahlte das Rabbinische Judentum für die Aufhebung der priesterlichen Kastengesellschaft einen hohen Preis: Im selben Zug, in dem priesterliche Macht und priesterliches Charisma außer Kraft gesetzt wurden, wurde auch jeder öffentliche Einfluss von Frauen, der in der hellenistischen Zeit auch und gerade bei den Hasmonäern durchaus bezeugt ist, negiert und wurden Frauen in einen eigentümlich oszillierenden Zwischenstatus von Person bzw. Haustier gedrängt. Es dürfte kein Zufall sein, dass die fünfte Perikope von Avot, nachdem die vierte in einen Preis der Gelehrten gipfelte, denen das Haus zu bereiten sei, sich mit den Worten von Rav Jose ben Johanan aus Jerusalem über die Gefährlichkeit von Frauen ausspricht:

> Dein Haus sei weit geöffnet, es seien Arme deine Hausgenosse und sprich nicht zuviel mit einer Frau. Von seiner Frau haben sie gesagt, um wie viel mehr gilt das von der Frau des Nachbarn. Von hier aus sagten die Gelehrten: Jeder Mann, der viel mit einer Frau spricht, zieht Unheil auf sich und hört auf mit dem Studium der Worte der Tora, und am Ende erbt er den Ort der Verdammten.

Nun haben sich bekanntlich, wovon nicht wenige talmudische Midraschim – etwa von Beruria oder Imma Schalom oder Jalta – zeugen, die Frauen der Rabbanim diese Zurücksetzung keineswegs widerstandslos bieten lassen und es ehrt den Talmud und seine Autoren und Redakteure, dass er diesen Widerstand im Gedächtnis bewahrt hat. Gleichwohl: Die spätantiken Monotheismen, Rabbinisches Judentum, Christentum und – mit einiger Verzögerung – der Islam, konstituieren sich in und durch den Ausschluss von Frauen. Im Judentum sollte dabei paradoxerweise – vergleichbar nur der katholischen Marienfrömmigkeit – ausgerechnet das Matrilinearitätsprinzip eine entscheidende Rolle spielen.

Juden, Nichtjuden und die dazwischen
Im Dschungel der Orientierungsversuche

Elisabeth Beck-Gernsheim

Einleitung

In meinem Beitrag wird es um Kinder aus gemischten Familien gehen. Zunächst betrachte ich schwarz-weiß gemischte Familien und anschließend jüdisch-nichtjüdisch gemischte Familien, abschließend gehe ich auf die besondere Situation patrilinearer Juden ein. Bei Menschen mit derart mehrfachen Herkunftslinien stellt sich immer wieder die Frage: Wo gehören sie hin, zur einen oder zur anderen Seite, oder zu beiden? Wo sehen sie sich selbst, wo ordnet die Gesellschaft sie ein? Auf diese Frage gibt es viele Möglichkeiten von Antworten und vor allem viele Widersprüche und Paradoxien.

Zur Einstimmung ein prominentes Beispiel: Barack Obama. Als er gewählt wurde, hieß es, er sei der erste schwarze Präsident, ja der erste Schwarze im Weißen Haus. Aber warum wird Obama stets als Schwarzer bezeichnet? Immerhin ist er Sohn sowohl eines schwarzen Vaters als auch einer weißen Mutter, also könnten wir ihn mit gleichem Recht einen Weißen nennen. Doch niemand tut es. Warum?

Und dann ein zweites Beispiel: die patrilinearen Juden. Das ist ein Begriff, den – abgesehen von den ‚Betroffenen' selbst – nur die wenigsten kennen. Der ‚Normalbürger' der Mehrheitsgesellschaft in Deutschland denkt: das ist irgendeine Gruppe von Juden. Da muss man dann erklären, dass – jedenfalls nach dem Buchstaben des Gesetzes, genauer nach der Halacha, dem jüdischen Religionsgesetz – patrilineare Juden keine Juden sind. Aha, sagt dann der ‚Normalbürger', das sind dann also ‚Halbjuden'. Aber wiederum heißt die Antwort „Nein", denn gemäß der Halacha gibt es keine ‚Halbjuden', nur ganze

Juden oder gar keine Juden. Und dann mischt sich vielleicht ein Dritter in das Gespräch ein und sagt entsetzt: „Halbjuden, das ist ja Nazi-Terminologie, ein Begriff aus dem Wörterbuch des Rassismus, so kann man doch heute nicht mehr reden!" Und schon sind wir mitten im Dschungel der Missverständnisse gelandet.

Dabei ist die Definition im Grunde genommen ganz einfach: Patrilineare Juden sind die, denen zum Judentum eines fehlt – die jüdische Mutter. Mit dieser Definition, die auf den ersten Blick ganz schlicht scheint, sind dann aber Herkunftslinien und Zugehörigkeitsregeln verbunden, die eine komplizierte Spurensuche beinhalten, den Blick auf eine lange Generationenfolge von Frauen. „Wenn von Ihren acht Urgroßeltern nur die Mutter der Mutter Ihrer Mutter keine Jüdin war – dann sind auch Sie keine Jüdin. Sie sind es aber, wenn von Ihren acht Urgroßeltern allein die Mutter der Mutter Ihrer Mutter Jüdin war."[1]

Wir beginnen zu ahnen: Das Vorhaben, über patrilineare Juden zu sprechen, führt schnell auf abschüssiges, ja auf vermintes Terrain. Genau dieses Terrain will ich im Folgenden erkunden, dabei handelt mein Beitrag von Paradoxien und Widersprüchen, Missverständnissen und Verwirrungen.

1. *The Marginal Man*: Familien gemischter Herkunft in Belletristik und Wissenschaft

Ich beginne mit einem kurzen Blick auf die Vorstellungen, die in der Mehrheitsgesellschaft über gemischte Familien kursieren. Offen oder versteckt, an vielen Stellen begegnen uns Bezeichnungen wie ‚Bastard', ‚Halbblut' oder auch ‚Mischling'. Sie sind manchmal mit Abscheu, manchmal mit Mitleid verbunden, aber haben stets einen unerfreulichen Beigeschmack an sich.

So beispielsweise in der Belletristik: In Romanen und Dramen erscheinen immer wieder traurige Gestalten, die schwer am Los ihrer doppelten Herkunft tragen. So etwa Jegor Karnovski, aus Israel Singers Roman *Die Familie Karnovski*. Jegor ist Sohn eines jüdischen Vaters und einer protestantischen Mutter. Er wächst im Berlin der 1930er Jahre auf, wo er den aggressiven Antisemitismus zu spüren bekommt.

1 Daan van Kampenhout: Jude werden. In: Gisela Dachs (Hrsg.): *Identitäten. Jüdischer Almanach*. Frankfurt: Jüdischer Verlag 2009, S. 126–132.

Daraufhin verfällt er in eine Mischung aus Selbstmitleid und Ekel. Er fühlt sich als

> ein Schwächling, ein Betrogener, ein Opfer von jedermanns Verachtung, […] als von Geburt an verurteilt […]. Als Produkt zweier widerstreitender Linien war er dazu bestimmt, sein ganzes Leben lang zu leiden. Er hatte nichts zu erwarten außer Versagen und Mißerfolg. Selbstmord war der einzige Ausweg.[2]

Im Grundmuster ähnlich sind viele Darstellungen, die Sozialwissenschaftler von gemischten Familien entwerfen. Richtungweisend geworden ist ein Aufsatz des amerikanischen Soziologen Robert Park, der im Jahr 1928 erschienen und seitdem immer wieder zitiert worden ist.

Der Aufsatz handelt vom *Marginal Man*, so der klassisch gewordene Titel, also von Menschen am Rand der Gesellschaft, von Außenseitern. Aber damit ist nicht irgendein Außenseiter gemeint, sondern speziell derjenige Typus, der sich im Gefolge von Migrationen herausbildet und oft aus bi- oder multikulturellen Familien entstammt. Was Park interessiert, ist nicht die soziale Stellung, die die Gesellschaft für solche Menschen vorsieht, oder die Vorurteile und Barrieren, die ihnen begegnen. Nein, bei Park wird der Außenseiter zu einem inneren Zustand, es wird ein besonderer Charakter daraus, angelegt in der Natur der grenzüberschreitenden Herkunft. Dessen Merkmale sind größere Beweglichkeit und Offenheit, aber gleichzeitig auch Ruhelosigkeit und Ziellosigkeit. Aufgrund dieser Eigenschaften wird der „Marginal Man" zu einem sehr produktiven Element der Gesellschaft. Denn er lässt sich nicht in den Käfig der Traditionen einsperren, er verhindert den Stillstand, er trägt zum Fortschritt der Kultur bei. Auf der Kehrseite freilich ist das persönliche Los des „Marginal Man" eher düster, es ist von dauernden Krisen begleitet: Ein Mensch, der gemischter Herkunft ist, „lebt in zwei Welten und ist dabei in beiden mehr oder weniger ein Fremder […]. Die charakteristischen Merkmale des ‚Marginal Man' [sind] mentale Instabilität, innere Unsicherheit, Ruhelosigkeit und ein Zustand allgemeinen Unbehagens"[3].

Parks Überlegungen leiten eine ganze Denktradition ein. Es dauert nur wenige Jahre, bis ein Buch seines Kollegen Everett v. Stonequist

2 Israel J. Singer: *Die Familie Karnovski*. Frankfurt am Main: Fischer 1999, S.414–415.

3 Robert E. Park: Human Migration and the Marginal Man. In: *The American Journal of Sociology* 33,6 (1928), S.881–893.

erscheint. Was bei Park schon anklingt, wird nun noch weit drastischer akzentuiert: Ruhelosigkeit, innere Nervosität, mangelnde Balance, all das wird nun zum Grundzug des Marginal Man, der ihm anhaftet wie ein unentrinnbares Schicksal:

> Die Situation des ‚Marginal Man' ist nie ohne Probleme. Manchmal [...] mag es nur ein leises [...] Gefühl der Entfremdung sein, [...] eine innere Einsamkeit, die aus der prekären sozialen Stellung herrührt [...]. Am anderen Ende des Spektrums finden wir die schweren Konflikte, so belastend, dass sie dem Individuum jeden inneren Halt nehmen und es in dauernde Unruhe stürzen. Hier wird dann eine Entwicklung der inneren Auflösung eingeleitet, die zu Ausschweifung, Verbrechen, Selbstmord oder Psychose hinführt.[4]

Die von Park und Stonequist formulierten Ideen sind nicht originell, sondern knüpfen an ein Gedankengut an, das im damaligen Zeitgeist angelegt war. Indem Park und Stonequist diese Ideen ausbauen, geben sie ihnen aber neues Gewicht – die Autorität der Wissenschaft. So verstärkt sich ihre Wirkung: Ideen dieser Art sind bis heute gegenwärtig, sie gehören – vielleicht ein wenig abgemildert – zum Wissensrepertoire der Mehrheitsgesellschaft.

2. Schwarz-weiß gemischte Familien[5]

In den USA waren Ehen zwischen Schwarzen und Weißen lange Zeit geächtet. In der Epoche der Sklaverei gab es nur einige wenige offizielle Verbindungen zwischen Schwarzen und Weißen, weit häufiger hingegen Formen des Konkubinats und des erzwungenen Geschlechtsverkehrs, meist zwischen weißem Plantagenbesitzer und schwarzer Sklavin.

Aufgrund dieser langen Geschichte gibt es eine beträchtliche Anzahl von Menschen – vor allem unter den Schwarzen, aber auch unter den Weißen –, die Vorfahren der jeweils ‚anderen' Hautfarbe haben. Solange noch eine offene Rassendiskriminierung bestand, war damit auf vielen Ebenen des Alltags stets die Frage präsent, und sie ist auch heute noch längst nicht verschwunden: Wie soll die Gesellschaft mit dieser Gruppe verfahren? Wo ist sie rechtlich und sozial einzuordnen?

4 Everett v. Stonequist: *The Marginal Man. A Study in Personality and Culture Conflict* [1937]. New York: Russell & Russell 1961.

5 Zu ausführlicheren Versionen der folgenden drei Abschnitte mit detaillierten Literaturangaben siehe Elisabeth Beck-Gernsheim: *Juden, Deutsche und andere Erinnerungslandschaften.* Frankfurt am Main: Suhrkamp 1999.

Welche Schulen dürfen sie besuchen, in welche Restaurants dürfen sie gehen, in welchen Clubs werden sie aufgenommen und nicht zuletzt: wen dürfen sie heiraten?

Mathematik als Ordnungsversuch

Um für solche Fragen klare Handlungsanweisungen zu haben, wurde im 18. und 19. Jahrhundert immer wieder versucht, den Anteil des ‚schwarzen Bluts' präzise zu bestimmen. Man wollte Klassifikationsschemata, um die Abstufungen der ‚Rassenmischung' mathematisch definieren zu können. Man glaubte, dass es so etwas wie eine endgültige Trennlinie gäbe, eine feste Grenze, wo ‚Weiß-Sein' beginnt bzw. endet.

Ganz praktisch stellte sich die Zuordnungsfrage dann in den amerikanischen Volkszählungen des 19. und beginnenden 20. Jahrhunderts. Als die Behörden den Anteil der verschiedenen Bevölkerungsgruppen feststellen wollten – also: wie viele Weiße, wie viele Schwarze –, kam immer wieder als Grundfrage auf, wer denn nun welcher Gruppe zuzurechnen sei. Die Behörden versuchten, das Problem zu lösen, indem sie eine Zwischenkategorie einführten: die sogenannten ‚Mulatten'. Aber damit verlagerte sich das Definitionsproblem lediglich auf eine weitere Stufe: Wie waren diese ‚Mulatten' zu definieren und abzugrenzen gegenüber den anderen Gruppen? 1850 und 1860 erhielten die Volkszählungsbeauftragten keine Anweisungen, wie sie entscheiden sollten, ob jemand als ‚Mulatte' galt. Vermutlich ordneten sie Hautfarbe und Gesichtszüge nach Augenschein ein und kombinierten dies mit dem, was sie zufällig an weiteren Informationen finden konnten. 1870 bekamen die amtlichen Volkszähler die Anweisung, alle Personen mit ausschließlich schwarzer Hautfarbe als ‚Neger' zu bezeichnen und als ‚Mulatten' diejenigen, die zum Teil weiße Vorfahren hatten. 1890 wurden diese vagen Vorgaben durch präzisere Anweisungen ersetzt. Nun sollten diejenigen als schwarz eingestuft werden, die drei Achtel bis fünf Achtel schwarze Vorfahren hatten. Und für diejenigen, die noch weniger schwarze Vorfahren hatten, wurden die Begriffe ‚Viertels-Mischling' und ‚Achtels-Mischling' eingeführt. Das Problem war natürlich, dass die Volkszählungsbeauftragten kaum je genug Informationen zur Familiengeschichte hatten, um solche Abstufungen zuverlässig durchführen zu können. Und so musste der offizielle Volkszählungs-Bericht 1890 feststellen: „Diese Zahlen haben nur geringen Wert".

Noch schwieriger war die Zuordnung bei Begegnungen im Alltag, wo man erst recht keine Zeit hatte, Familiengeschichten zu studieren. Zu Zeiten der offenen Rassendiskriminierung galt deshalb an vielen Orten das Motto ‚Whites Only', was sehr einfach ausgelegt wurde. Die Regel hieß ‚The One Drop Rule' und besagt, dass, wer nur einen Tropfen ‚schwarzen Bluts' hat, als Schwarzer galt. Zugelassen waren damit nur die, die ‚ganz weiß' waren – oder zumindest dem Augenschein nach so erschienen. Wer dagegen irgendwo in der frühen Herkunftsgeschichte auch schwarze Vorfahren hatte – wer also so aussah oder von dem man dies wusste –, der oder die hatte draußen zu bleiben. ‚Whites Only' hieß ‚Off Limits' für sie.

Besonderes Gewicht bekam die Zuordnungsfrage erst recht da, wo es um Heirat ging. Hier behielt sich der Staat die Entscheidungsmacht vor. In zahlreichen Staaten der USA waren Ehen zwischen Schwarzen und Weißen verboten (die letzten Gesetze dieser Art wurden erst 1967 aufgehoben). Dies musste natürlich in den Zweifelsfällen wieder die Frage aufwerfen, wer denn nun Schwarzer sei bzw. als Schwarzer zu gelten habe. Hierfür wurden in einigen Staaten genaue Auslegungsregeln und quantitative Maßstäbe ersonnen. Auch sie folgten im Grunde der symbolischen Regel, wonach schon ein einziger ‚schwarzer Blutstropfen' ausreicht, um eine Person als schwarz einzuordnen. Doch je nach Staat war unterschiedlich geregelt, wie weit man diese Spur des ‚Schwarzen Blutstropfens' zurückverfolgte. In Oregon war man liberal und ging nur bis zu den Großeltern zurück. Schwarz war also, wer mindestens einen schwarzen Großelternteil hatte. In Louisiana und North Carolina ging man dagegen noch zwei Generationen weiter zurück: Schwarz war da schon, wer auch nur einen einzigen schwarzen Ururgroßvater hatte (bzw. eine einzige schwarze Ururgroßmutter). Wo aber die Fährtensuche so weit in die Vergangenheit reicht, ist sie in der Praxis kaum handhabbar. Das Ergebnis fiel deshalb oft willkürlich und zufällig aus.

Hinzukommt als weitere Schwierigkeit, dass die Regel des ‚Schwarzen Blutstropfens' asymmetrisch angelegt ist: Bei der Zuordnung einer Person fahndet sie obsessiv nach schwarzen Vorfahren – und vergisst darüber alle weißen Vorfahren, auch wenn diese bei weitem zahlreicher sind. Eine solche Asymmetrie muss ihre eigenen Paradoxien erzeugen. Denn nach den Regeln der Genetik wird eine Person mit vorwiegend weißen Vorfahren aller Wahrscheinlichkeit nach eine helle Hautfarbe haben – vielleicht auch blonde Haare und blaue Augen –, und dennoch wird sie offiziell ‚schwarz' sein. Eine solche

Konstellation ist dafür prädestiniert, endlos Verwirrungen und Verwechslungen zu erzeugen.
Und in der Tat, die amerikanische Literatur hat diesen Stoff zum Thema unzähliger Romane und Dramen gemacht: In der Literatur des 19. Jahrhunderts taucht immer wieder die Gestalt des „Tragic Mulatto" auf, des ‚tragischen Mulatten'. Dabei handelt es sich um eine Person, die weiße wie schwarze Vorfahren hat, meist vorwiegend weiße. Deshalb sieht sie aus wie andere Weiße, vielleicht einen Hauch ‚exotischer' nur. Doch gibt es irgendwo in der Familiengeschichte ein ‚dunkles Geheimnis', genauer: dunkelhäutige Vorfahren. Deshalb kann diese Person – nach den sehr strengen Zuordnungsregeln der damaligen Zeit – nie und nimmer als Weiße anerkannt werden. Oft wird dies Geheimnis erst im Lauf der Erzählung enthüllt. Es wird dann zum Stoff für Ereignisse tragischer Art. Das Schicksal schlägt zu, und zwar meist unerbittlich. Die Skala reicht von geistiger Umnachtung, Inzest, gebrochenem Herzen bis zu Gewalt, Mord oder Selbstmord. Grundsätzlich gilt, der ‚Mulatte' erscheint als Opferfigur, genauer gesagt: als „Opfer seines doppelten Erbes"[6]. Wir beginnen zu ahnen: Die gesellschaftlichen Zuordnungsversuche können in ein Labyrinth der Irrungen und Wirrungen führen, in Missverständnisse, Versteckspiele, Dramen.

3. Gemischte Familien: jüdisch und nicht-jüdisch

Familien, in denen jüdische und nichtjüdische Herkunftslinien sich verbinden, gibt es in vielerlei Formen. Entsprechend vielfältig sind auch die Schicksale der Familienmitglieder. Um das Spektrum wenigstens anzudeuten, sollen im Folgenden zwei ganz unterschiedliche Konstellationen vorgestellt werden – zum einen bezogen auf Deutschland während des Nationalsozialismus, zum anderen bezogen auf die Gegenwart, insbesondere auf das heutige Israel.

Im Nationalsozialismus

Als die Nationalsozialisten 1933 an die Macht kamen, fingen sie sogleich an, in die Tat umzusetzen, was sie in ihren Schriften angekündigt hatten. Das Programm der Entrechtung, Aussonderung und Verfolgung der Juden begann.

6 Sterling A. Brown, zit. n. Werner Sollors: *Neither Black Nor White Yet Both. Thematic Explorations of Interracial Literature.* New York / Oxford: Oxford UP 1997, S. 24.

Dabei mussten sie sich zwangsläufig die Frage stellen, wie sie verfahren sollten mit den „gemischten' Familien, mit der beträchtlichen Zahl der Verbindungen zwischen Menschen jüdischer und nicht-jüdischer Herkunft. Den Nationalsozialisten galt diese Gruppe als besonderer Gefahrenherd, eine Quelle der ‚Volksvergiftung'. Deshalb ergriffen die neuen Machthaber sehr schnell Maßnahmen, die gezielt gegen diese Bevölkerungsgruppe gerichtet waren, ja sie in ihrer Existenz auszulöschen versuchten. So wurden die nichtjüdischen Partner in solchen Verbindungen nicht selten zur Gestapo vorgeladen und dort mit einem Wechselbad von wohlmeinenden Ratschlägen und deutlichen Drohungen traktiert. Worum es ging, war klar: Sie sollten die Scheidung beantragen und die Ehe beenden.

Aber der Erfolg solcher Maßnahmen blieb beschränkt. Umso mehr setzten die Nationalsozialisten alles daran, weitere Verbindungen dieser Art zu verhindern. Dazu übten sie zu Anfang Druck auf die Standesbeamten aus. Diese sollten auf dem Behördenweg Hindernisse aufbauen und derart die Heiratserlaubnis verweigern, wenn ein jüdisch-nichtjüdisches Paar das Aufgebot beantragen wollte. Bald darauf schufen die neuen Machthaber die gesetzlichen Maßnahmen, die solche Verbindungen unmöglich machten. Es war das ‚Gesetz zum Schutze des deutschen Blutes und der deutschen Ehre', im September 1935 erlassen. Damit wurde verfügt:

> § 1: Eheschließungen zwischen Juden und Staatsangehörigen deutschen oder artverwandten Blutes sind verboten. Trotzdem geschlossene Ehen sind nichtig.
> § 2: Außerehelicher Verkehr zwischen Juden und Staatsangehörigen deutschen oder artverwandten Blutes ist verboten.

Aber es blieben jene Ehen, die schon vorher geschlossen waren und weiter bestanden, und es blieben erst recht die Kinder aus solchen Ehen. Sie stellten ein massives Hindernis dar für das nationalsozialistische Ziel, Deutschen von Juden zu trennen. Ersonnen wurde nun ein aufwendiges Ordnungssystem, um festzustellen, wer wie viel jüdische Abstammung besaß, wer Jude war bzw. als Jude gelten sollte. Es waren die Abstufungen der Aussonderung – methodisch und bürokratisch. Als Jude wurde definiert, „wer von mindestens drei der Rasse nach volljüdischen Großeltern abstammt, wobei als volljüdisch gilt, wer der jüdischen Religionsgemeinschaft angehört". In der Folge gab es – so die damalige Terminologie – „Geltungsjuden" und „Glaubensjuden", „einfache Mischehen" und „privilegierte Mischehen", „Mischlinge ersten Grades" und „Mischlinge zweiten Grades".

Zusätzlich gab es eine Reihe von Ergänzungsbestimmungen, die die Zuordnung von weiteren Kriterien abhängig machten (bis hin zum Gesundheitszustand des Ehepartners oder dem Wohnort der Kinder). Aber wie viel auch immer die Nationalsozialisten versuchten, um ‚das Jüdische' in den Herkunftslinien genau sichtbar zu machen – das Grundproblem bestand darin, dass sie ‚rassische', religiöse und sonstige Kriterien immer wieder vermengten. Weil ihr Regelwerk äußerst verwirrend war, wurden immer mehr Auslegungsbestimmungen nötig – die dann ihrerseits immer absurdere Ordnungskategorien und Rechtskonstruktionen erzeugten.

Juden heute: in Israel und anderswo

Nur die wahrhaft Ahnungslosen können der Auffassung sein, heute sei es doch leicht zu bestimmen, wer Jude sei. Die anderen wissen: Das ist eine alte, gefährliche, belastete Frage. Rührt man daran, so wird eine Pandorabüchse geöffnet, in der sich vieles heillos vermischt: die Identitäten zwischen Diaspora und Zionismus, die Empfindlichkeiten zwischen Israel und den Juden in anderen Ländern.

Dabei ist im Prinzip die Angelegenheit einfach. Nach den jüdischen Religionsgesetzen, der Halacha, ist Jude, wer Kind einer jüdischen Mutter oder wer zum Judentum konvertiert ist. Aber in der Praxis wird die Angelegenheit oft kompliziert.

Kriterium Konversion: Für die Aufnahme in die jüdische Religionsgemeinschaft sind die Rabbiner zuständig. Die Frage ist nur: *welche* Rabbiner? Wie in anderen Religionen, so gibt es auch im Judentum verschiedene Richtungen, grob zusammengefasst: Orthodoxe, Konservative und Reformanhänger. Dabei hat jede dieser Richtungen eigene Regeln für Konversion. Aber während außerhalb Israels auch die Übertritte nach konservativem Ritus bzw. Reformritus anerkannt werden, haben bisher in Israel die Orthodoxen das Monopol. Das ist deshalb sehr folgenreich, weil die Orthodoxen in Israel auch eine enge Verbindung zwischen Staat und Religion durchgesetzt haben. Damit werden all diejenigen, die nicht nach orthodoxem Ritus übergetreten sind, von staatlicher Seite nicht anerkannt, können nicht in

Israel heiraten und nicht auf einem jüdischen Friedhof begraben werden.
Aber gleichzeitig gibt es in Israel auch das sogenannte ‚Rückkehrgesetz', das allen Juden das Grundrecht der Zuwanderung nach Israel gibt. Bei diesem Gesetz wird nicht die enge orthodoxe Definition des Judentums angewandt, sondern eine erheblich weitere. Damit soll all denjenigen, die aufgrund ihrer jüdischen Wurzeln verfolgt werden, eine potentielle Zuflucht in Israel ermöglicht werden. Diese Regelung ist eine Reaktion auf die Verfolgungs- und Vernichtungspolitik der Nazi-Herrschaft. Doch die Folge ist, dass nun verschiedene Definitionen nebeneinander stehen und miteinander konkurrieren.
In Israel ist inzwischen ein Dauerstreit darüber im Gange, wer Jude sei – eine Frage, die heute zwei große Gruppen direkt betrifft. Zum einen warten in Israel viele nichtjüdischen Einwanderer auf eine Konversion, darunter insbesondere Zuwanderer aus Russland, von denen viele nach den Regeln des israelischen Rabbinats als Nichtjuden gelten. Hinzukommen die Juden in den USA, die meist zum konservativen oder Reformflügel zählen. Viele von ihnen wehren sich gegen das Definitionsmonopol der Orthodoxen; dies nicht zuletzt deshalb, weil viele mit einem nicht-jüdischen Partner verheiratet sind, der nach nicht-orthodoxem Ritus konvertiert ist und damit in Israel nicht anerkannt wird. So nimmt an diesem Punkt die Polarisierung zwischen Diaspora-Judentum und Israel bedrohliche Ausmaße an.
Welche Abgründe hier lauern, kann man auch an einer kleinen Anekdote erkennen. Vor ein einigen Jahren war der 50. Jahrestag der Gründung Israels. Zu diesem Jubiläum bat eine Zeitschrift jüdische Politiker, Künstler, Intellektuelle und Rabbiner, sich zum Thema „Wer ist Jude" zu äußern. Gefragt wurde unter anderem auch ‚Bibi' Netanyahu, damals wie heute der Premierminister Israels. Aber Netanyahu nahm nicht Stellung, sondern wählte eine diplomatische Antwort:

> Ich möchte diese Frage lieber nicht beantworten. Sie ist so kompliziert, dass man mir jede Antwort falsch auslegen wird, wie auch immer sie ausfallen mag. Und jedes Missverständnis könnte zum Bruch meiner Koalition zwischen säkularen und religiösen Parteien führen.[7]

7 Benjamin Netanyahu. In: *Die Woche*, 08.05.1998.

Kriterium jüdische Mutter: Nach der Halacha ist es einfach – über die Mutter wird die Zugehörigkeit zum Judentum vererbt, der Vater dagegen ist bedeutungslos. Kompliziert wird es aber, weil gleichzeitig auch konkurrierende Definitionen existieren: In der deutschen, französischen oder US-amerikanischen Mehrheitsgesellschaft hat die väterliche Linie den Vorrang; dort wird meist über den Vater der Name vererbt – und damit verbunden auch ein Stück Identität.
Zum Beispiel Männer und Frauen, die Levi, Kohn oder Abraham heißen. Sie werden von der Außenwelt meist als ‚jüdisch' eingestuft (und entsprechend auch diskriminiert). Aber nicht wenige dieser Namensträger sind Nichtjuden, nach jüdischer Auffassung jedenfalls. Sie haben zwar einen jüdischen Vater, aber nicht das entscheidende: die jüdische Mutter. Ihr Leben lang begleitet sie damit eine eigentümliche Schizophrenie: Für Juden sind sie Nichtjuden. Den Nichtjuden dagegen gelten sie zumeist als Juden.
Dazu ein Beispiel: der Schriftsteller Peter Finkelgruen. Seine Eltern – jüdischer Vater, nichtjüdische Mutter – flohen aus Nazi-Deutschland nach Shanghai. Doch die Ausgrenzung war damit nicht vorbei, vielmehr wurde Ausgrenzung für den Sohn zu einer immer wiederkehrenden Erfahrung: Auf der einen Seite waren diejenigen, „die mich anhand meines Namens als Juden identifizierten, während andere meinten, mich als Nichtjuden wahrnehmen zu sollen, weil meine Mutter keine Jüdin war. Beiden gemeinsam war ein offensichtliches Unwohlgefühl, eine aggressive Irritation"[8].
Hinzukommt eine weitere Komplikation: Das Kriterium der jüdischen Mutter wird mit den neueren Entwicklungen der Medizintechnologie mehrdeutig. Bekanntlich sind mit der hochtechnisierten Fortpflanzungsmedizin neue Formen von Zeugung, Schwangerschaft und Geburt entstanden, mittels Samenspende, Eispende und Leihmutterschaft. Bis vor kurzem hieß es noch ‚pater semper incertus'; frei übersetzt: ob der Ehemann tatsächlich auch der Vater des Kindes ist, wissen wir nicht. Jetzt aber kommt hinzu ‚mater incerta', frei übersetzt: ob die Frau, die das Kind in ihrem Leib austrägt und zur Welt bringt, tatsächlich auch die biologische Mutter ist, das wissen wir nicht.

8 Peter Finkelgruen: *Erlkönigs Reich. Die Geschichte einer Täuschung*. Berlin: Rowohlt 1997, S. 189.

Nun können wir für unseren Zusammenhang den Samenspender ignorieren, weil nach der Halacha der Vater ja bedeutungslos ist. Aber die Eizellen-Spende, die Leihmutterschaft – hier beginnt es, spannend zu werden. Denn was, wenn die eine oder andere Nichtjüdin ist? Welche dieser am Entstehen des Kindes beteiligten Frauen ist nun diejenige, die ausschlaggebend ist für das Kriterium ‚jüdische Mutter'?

Um diese Fragen haben sich unter Rabbinern in Israel lange Debatten entwickelt. Im Jahr 2010 hat das israelische Parlament folgende Regelung beschlossen: Bei der Eispende soll nicht die Spenderin (also die biologische Mutter) als Mutter gelten, sondern die Empfängerin. Und im Fall von Leihmutterschaft müssen Leihmutter und Auftragsmutter derselben Religion angehören. Mit dieser Bestimmung ist auf elegante Weise die Gefahr einer nichtjüdischen Mutter gebannt und die Kontinuität der jüdischen Linie gesichert.

Diese Entscheidung betrifft eine rapide wachsende Zahl von Frauen bzw. Paaren. Denn Israel ist ein sehr pronatalistisches Land, freiwillige Kinderlosigkeit gibt es dort kaum. Deshalb hat die künstliche Befruchtung hier in schnellem Tempo expandiert, die Zahl einschlägiger Kliniken ist (pro Kopf der Bevölkerung gerechnet) höher als irgendwo sonst. Und die Klienten sind keineswegs nur ungewollt kinderlose Paare, sondern auch ganz andere Gruppen. Ob alleinstehend, schwul oder lesbisch; ob Frauen nach der Menopause; ob Frauen und Männer, die Jahre nach ihrem Tod noch Vater oder Mutter werden, weil die Hinterbliebenen Eizellen und Samen zur Befruchtung nach dem Tod nutzen – in Israel wird fast jeder Kinderwunsch von der Rechtsprechung zugelassen und von den religiösen Autoritäten akzeptiert.[9] Pointiert zusammengefasst: Alles, was technisch möglich ist, wird auch gemacht. Auch Lebens- und Beziehungsformen, die nicht ins Modell der traditionellen Familie hineinpassen, bekommen Unterstützung beim Kinderwunsch. Also größtmögliche Toleranz in jeglicher Hinsicht. Umso auffallender ist die eine Ausnahme, ein

9 Frida Simonstein / Ekaterina Balabanova: "Can't Avoid It, Can't Afford It": Assisted Reproduction in Israel and Bulgaria. In: Dies. (Hrsg.): *Reprogen-ethics and the Future of Gender.* Heidelberg et al.: Springer 2009, S. 55–64; Ellen Waldman: Cultural Priorities Revealed. The Development and Regulation of Assisted Reproduction in the United States and Israel. In: *Health Matrix Journal of Law-Medicine* 16,65 (2006), S. 65–106.

Tabu bleibt bestehen: Die Mutter muss jüdisch sein oder die Zugehörigkeit zum Judentum ist verwirkt.

Schluss

Ich habe über schwarz-weiß gemischte Familien geschrieben und über jüdisch-nichtjüdische Familien. Dabei fällt zunächst auf, dass die Kriterien der Zuordnung gegensätzlich angelegt sind. Für die Frage, wer Schwarzer sei, galt in den USA lange Zeit die Regel des ‚Schwarzen Blutstropfens'. Bei der Frage, wer Jude sei, wird dagegen ein Zuordnungsverfahren angewandt, das man den Imperativ des ‚Mütterlichen Blutstropfens' nennen könnte.

Aber bei genauerem Hinsehen kann man auch eine große Übereinstimmung in den Zuordnungsverfahren entdecken: Beide ignorieren das, was gemischte Familien ausmacht, eben die *Mischung* von Zugehörigkeiten. Beide rücken einen Teil der Familiengeschichte ins Zentrum – und blenden systematisch die anderen Anteile aus. Dort entsteht dann ein seltsames Niemandsland – ein Labyrinth der Irrungen und Wirrungen, Widersprüche und Paradoxien. Oder anders gesagt: „Die Einordnung der Menschen in Rasseschubladen [gleicht] bisweilen einer Koproduktion von Kafka und Orwell."[10]

10 Gerd Behrens: Die Farben des Zorns. In: *Süddeutsche Zeitung*, 28.05.1996.

Virtuelle Genealogien

Christina von Braun

Um 440 vor unserer Zeitrechnung rief der Schriftgelehrte Esra, Angehöriger der israelitischen Priesteraristokratie, die Bevölkerung von Jerusalem vor die Tore der Stadt und ließ die Thora laut verlesen. Das Heilige Buch war bis dahin Insider-Wissen, das den Priestern vorbehalten blieb. Nun wurde es zum Allgemeinwissen der Gemeinde – und es wurde auch zur Pflicht, zumindest für die männlichen Mitglieder der Gemeinde, lesen und schreiben zu lernen. Die Bemühung um allgemeine Schriftkundigkeit hatte es bis dahin in keiner anderen Kultur oder Religion der Welt gegeben. Im Gegenteil: In Ägypten blieb das Schreiben einer Elite vorbehalten. Das hatte Folgen für die Gemeinschaft. In einer Kultur, deren Schrift über viele Zeichen verfügt – das galt für die Hieroglyphen – verfügt nur eine Elite von Gebildeten über die Möglichkeit des Schreibens und Lesens. Ähnliches gilt für das chinesische Schriftsystem, das sich aus Piktogrammen ableitet und etwa fünfzigtausend Schriftzeichen umfasst. Die volle Kenntnis solcher Schriftsysteme hat zur Folge, dass nur eine kleine Gruppe das Geschriebene kennt und damit auch über das Gedächtnis der Gemeinschaft verfügt. Von diesem leiten sich jedoch zumeist der Ursprungsmythos und die Legimitierung einer aktuellen Herrscherschicht ab. Gesellschaften, deren Schriftsysteme viele Zeichen umfassen, haben deshalb die Tendenz, sich – und die Eliten – zu perpetuieren. Aus genau diesem Grund vermehrten die ägyptischen Priester die Anzahl der Zeichen, als das Land unter Fremdherrschaft geriet. Beim Alphabet dagegen – mit seinen 24, 26 oder 28 Zeichen – können alle Mitglieder der Gesellschaft lesen und schreiben lernen.

Mit Esras Entscheidung, die Heilige Schrift zugänglich zu machen, ging das Gedächtnis des Judentums auf die Gemeinschaft über: Gottes Wort wohnte nun in *jedem* Mitglied seines Volkes, nicht nur bei den geistlichen Vertretern. Das bedeutete für die Eliten die Gefahr des Machtverlusts – und tatsächlich sollte später auch andernorts das Alphabet seinen nicht immer erwünschten demokratisierenden Effekt beweisen. Umso erstaunlicher, dass der Thoragelehrte Esra, Mitglied der Herrscherschicht, diese Entscheidung traf. Es blieb ihm aber vermutlich gar keine andere Wahl: Im Mittelmeerraum hatte sich eine andere Kultur auszubreiten begonnen – und auch sie beruhte auf einem alphabetischen Schriftsystem.

Die hellenistische Idee von Kultur erreichte zwar erst mit Alexander dem Großen den Punkt, „wo es möglich wurde, zu sagen, man sei Hellene nicht durch Geburt, sondern durch Bildung, so daß auch ein als Barbar Geborener ein wahrer Hellene werden konnte".[1] Doch schon lange vorher hatten der Hellenismus eine ‚kosmopolitische' Dimension und das griechische Denken eine ‚universalistische' Form angenommen, deren spezifisch ‚logische' Strukturen in das Denken des östlichen Mittelmeerraums einzudringen begannen. Der Hellenismus hat sich nie in Form von Kolonisierung oder militärischer Unterwerfung, wie sie die Griechen in früheren Zeiten betrieben hatten, ausgebreitet; vielmehr handelte es sich um eine ‚geistige Eroberung', wie sie sich weder militärisch noch politisch hätte herbeiführen lassen. Eben deshalb gab es aber auch im Fall des Hellenismus eine bemerkenswerte Bereitschaft der ‚Besiegten', die Kultur der Sieger anzunehmen. Obwohl die Nicht-Hellenen den Hellenen zahlenmäßig weit überlegen waren, kam es zur raschen Verbreitung der griechischen Sprache.[2] Sofern der Osten „überhaupt nach literarischem Ausdruck strebte", so Hans Jonas, der in seinem Buch über die Gnosis die Begegnung von Griechenland und Orient in den letzten vorchristlichen Jahrhunderten dargestellt hat, musste er sich „in griechischer Sprache und Manier äußern".[3]

Es war diese für die jüdische Gemeinde gefährliche Anziehungskraft, die Esra mit seiner Entscheidung zu bannen suchte. Dass es

1 Zit. n. Hans Jonas: *Gnosis. Die Botschaft des fremden Gottes*, hrsg. v. Christian Wiese. Frankfurt am Main: Insel 1999, S. 26.

2 Ebd., S. 34.

3 Ebd.

ihm (wenn nicht nur, so doch auch) um eine Abgrenzung gegen den Hellenismus ging, dafür spricht der Zeitpunkt seiner Entscheidung: Das Jahr 440 v. u. Z. fiel ziemlich genau mit dem Datum (403 v. u. Z.) zusammen, an dem in Athen das jüngere ionische Alphabet zur Amtssprache erhoben und für den Schulunterricht vorgeschrieben wurde. Dieser Akt, „die erste Schriftreform auf europäischem Boden", so Harald Haarmann, vollendete die lange Vereinheitlichung der griechischen Schriftsysteme und implizierte die „Normierung des Alphabets". Danach entwickelte sich das klassische Alphabet „zum zentralen Kulturträger des antiken Hellenismus".[4]

Auch Esras Entscheidung stellte „die Geburtsstunde der Schrift" dar. Aber anders als bei der Standardisierung des griechischen Alphabets, war es, so der Historiker Yerushalmi, „zugleich die Geburtsstunde der Exegese".[5] Der Zeitpunkt der Eröffnung des Geheimwissens war einerseits der Zeitpunkt, an dem die Thora ‚geschlossen' wurde, das heißt, sie hörte auf, in einem ‚fließenden Traditionsstrom' zu stehen, und nahm Kanon-Charakter an. Ab diesem Zeitpunkt durfte sie nicht mehr verändert werden. Andererseits wurde sie aber immer wieder neu interpretiert. Durch die Auslegung konnte der Heilige Text jeder aktuellen historischen Situation und jedem kulturellen Kontext angepasst werden. Mit ihrer Kanonisierung und der Öffnung für alle wurde die Heilige Schrift zum ‚portativen Vaterland' (Heinrich Heine[6]) eines jeden Juden. Esra, der aus dem babylonischen Exil kam, wo die jüdischen Gelehrten das Konzept für ein ‚Judentum in der Diaspora' entwickelt hatten, wusste, was das bedeutet. Dort, in Babylon hatte man daran gearbeitet, das Judentum ‚Diaspora-kompatibel' zu machen.

Esra und seine Mitstreiter aus Babylon sorgten aber nicht nur für die Zugänglichkeit der Heiligen Schrift; sie erließen auch andere Bestimmungen und forderten die Aufhebung der Patrilinearität, die bis dahin von Juden praktiziert worden war. Vor allem in Palästina hatten viele von ihnen Nicht-Jüdinnen zur Frau genommen. Nun wurde

4 Harald Haarmann: *Universalgeschichte der Schrift*. Frankfurt am Main / New York: Campus 1991, S. 289.

5 Yosef Hayim Yerushalmi: *Reflexions sur l'oubli*. In: Ders. (Hrsg.): *Usages de l'oubli. Colloques de Royaumont*, Paris: Le Seuil 1988, S. 7–21, hier S. 15.

6 Heinrich Heine: *Sämtliche Werke*, hrsg. v. Hans Kaufmann, Bd. 13. München: Aufbau 1964, S. 128.

bestimmt, dass Juden, die mit Nicht-Jüdinnen verheiratet waren, in Kauf zu nehmen hatten, dass ihre Kinder keine Juden seien. Warum war den jüdischen Gelehrten aus Babylon so viel daran gelegen? Es ging, wie beim ‚portativen Vaterland', um den Zusammenhalt in der Diaspora. Deshalb wurde das Gesetz, das als ‚Juden' definiert, wer eine Jüdin zur Mutter hat, von den Rabbinern auch verschärft, als es nach der zweiten Zerstörung des Tempels zur erneuten Zerstreuung kam. Das griechische Wort ‚Diaspora' bedeutet aber nicht nur ‚Zerstreuung', sondern auch ‚Säen', ‚Verteilung des Samens'. Das heißt, der Begriff impliziert eine Form von geistiger Reproduktionsfähigkeit (eine vergleichbare Analogie zum männlichen Samen findet sich auch im Wort ‚Seminar', das sich vom lateinischen *semen* ableitet und auf eine geistige Fortpflanzung verweist). Was hier im Zusammenhang mit dem ‚portativen Vaterland' also entstand, war einerseits eine geistige und andererseits eine leibliche Genealogie. War erstere an den Vater/Mann gebunden, dem die Lehre und Interpretation der Schrift vorbehalten blieb, so verlief letztere über die mütterliche/weibliche Linie.

Nach Esra haben wir also auf der einen Seite eine Gemeinschaft, die auf einer Heiligen Schrift beruht: die erste ‚textual community' der Welt.[7] Auf der anderen Seite gibt es den mütterlichen Körper, der ebenfalls Zugehörigkeit zur Gemeinschaft signalisiert. Beides ist in engem Zusammenhang zu sehen. Hatte die Eröffnung der Thora mit der Abwehr der geistigen Anziehungskraft des Hellenismus zu tun, so hing die Bedeutung, die der jüdischen Mutter beigemessen wurde, mit einer *weiteren* Gefahr zusammen, die vom griechischen Alphabet ausging und deren Wirkmacht eines Tages die christliche Religion hervorbringen sollte.

Um dies verständlich zu machen, muss man sich das Prinzip des Alphabets vor Augen führen: Es handelt sich um ein Schriftsystem, bei dem ein Laut, ein Phonem, in ein visuelles Zeichen überführt wird. Es unterscheidet sich von anderen Schriftsystemen – den Hieroglyphen oder der chinesischen Schrift, die sich beide von Piktogrammen ableiten – dadurch, dass es eine direkte Beziehung zwischen Sprechen und Schreiben herstellt. Da der gesprochene Laut zum Leib des

7 Der Begriff stammt von Brian Stock: *The Implications of Literacy. Written Language and Models of Interpretation in the Eleventh and Twelfth Centuries.* Princeton: Princeton UP 1983.

Sprechenden gehört, impliziert dieser Vorgang einen hohen Abstraktionsvorgang, eine Form von Ent-Leibung. Das Zeichen, auf Papier oder Stein verewigt, bedarf keines lebendigen Körpers; es unterliegt nicht dem Gesetz der Sterblichkeit. Ein Gedicht, eine Erinnerung, ein Gebot können bewahrt und noch gelesen werden, wenn ihre Verfasser schon längst verstorben sind. Diese Tatsache hatte kaum zu überschätzende historische Folgen: Auf der einen Seite setzte sich mit dem Alphabet ein neuer Ewigkeitsgedanke durch, bei dem es vorstellbar erschien, dass sich der Mensch dem Zyklus von Untergang und Erneuerung entzieht. Dies muss für den antiken Menschen einerseits als tiefer Einschnitt und Verlust wahrgenommen worden sein muss. Andererseits bot jenes Schriftsystem aber auch eine Form von Ermächtigung über die Natur: Zum ersten Mal entstand die Vorstellung einer Gottheit, die sich nicht in den sinnlich wahrnehmbaren Erscheinungen der Welt, sondern einzig in den Zeichen der Schrift zu erkennen gibt. Man kann die Geschichte des Exodus als die historische Erzählung der Auswanderung eines unterdrückten Volks aus Ägypten begreifen. Man kann in Moses aber auch eine Erinnerungsfigur sehen, die diesen Wandel begreiflich zu machen versucht: die Emigration einer Denkweise und eines Schriftsystems, die nicht nur die Idolatrie, sondern auch die Piktogramme der ägyptischen Hieroglyphen hinter sich zu lassen versuchen.

Die abstrahierende Wirkmacht gilt für alle Alphabete, jedoch in unterschiedlichem Maße. Das semitische Alphabet war das erste überhaupt. Es war um etwa 1000 v. u. Z. voll entwickelt, das heißt, etwa zeitgleich mit der Entstehung der ersten monotheistischen Religion. Die strikte Form des jüdischen Monotheismus setzte sich erst um 600 durch, aber der Siegeszug hatte schon einige Jahrhunderte zuvor begonnen. Das griechische Alphabet entstand nur etwa zweihundert Jahre später als das semitische, aber es hatte ganz andere Folgen: Statt einer abstrakten Gottheit nahmen die Gottheiten Griechenlands anthropomorphe Gestalt an. Zu den Folgen des griechischen Schriftsystem gehörten außerdem: die Entstehung der Polis und der Demokratie mit ihrem geschriebenen Gesetz sowie die Einführung einer Philosophie und Wissenschaft, die bis heute das Denken der christlichen Regionen und Kulturen prägt. Rückte das semitische Alphabet einen allmächtigen Gott in den Mittelpunkt, so das griechische die Allmacht des Menschen. Mit dem griechischen Alphabet entstand ein Denken in utopischen Modellen, nach denen die Gesellschaft zu formen sei; und diese Modelle sollten im Verlauf der Geschichte ihre Realisierung einfordern. Im *Staat* zum Beispiel spielt Platon mit dem Gedanken, das Recht auf Fortpflanzung nur den ‚Besten' zuzugestehen. Dieser Gedanke wurde im 20. Jahrhundert von den Nationalsozialisten mit der Sterilisierung sogenannter ‚Asozialer', der Euthanasie Behinderter und Einrichtungen wie ‚Lebensborn' in die Wirklichkeit umgesetzt. Er realisierte sich aber auch in den modernen Reproduktionstechniken. Tatsächlich lässt sich die Geschichte des ‚Westens' als ein Prozess der Verwirklichung von Modellen lesen, die zunächst in Form von Texten entstanden sind und erst dann soziale Realität schufen.

Zu den sozialen und psychologischen Umwälzungen, die das Alphabet mit sich brachte, gehört auch die Änderung der symbolischen Geschlechterordnung: Durch die Spaltung in Oralität und Schriftlichkeit entstand eine Dichotomie, bei der Männlichkeit mit Schrift – und damit Geistigkeit, Rationalität, dem Gesetz – gleichgesetzt wurde, während der weibliche Körper die gesprochenen Sprache – und damit Leiblichkeit, Sexualität, Sterblichkeit – repräsentierte: Folgerichtig bezeichneten die christlichen Gelehrten des Mittelalters die (zumeist lateinischen) Schriften als ‚Vatersprache', während sie die gesprochenen, regionalen Sprachen ‚Muttersprache' nannten. Als Heinrich Heine später die Heilige Schrift der Juden als ‚portatives Vaterland' bezeichnete, griff er mit seiner prägnanten Formulierung genau dieses Bild auf.

Auf der symbolischen Zuweisung an den männlichen und weiblichen Körper basieren viele Regeln der sozialen Geschlechterordnung, die die Geschichte aller drei ‚Religionen des Buches' begleiteten (auch des Islam, dessen Heilige Schrift ebenfalls auf einem Alphabet beruht): die Nichtzulassung von Frauen zu geistlichen Ämtern, die Entmündigung von Frauen vor dem Gesetz, das Verbot für Frauen, sich Bildung und Wissen anzueignen etc. Für den männlichen Körper implizierte die auf den Zeichensystemen basierende symbolische Geschlechterordnung, dass der ‚Vater' – Repräsentationsgestalt des ‚Gesetzes', des Staates oder der Schriftlichkeit – einen Prozess der Abstraktion vom biologischen Vater zum geistigen Vater durchlief: Der männliche Leib entkörperte sich und wurde zunehmend zum Repräsentanten von geistiger Macht.

Beides finden wir sowohl bei Esra als auch in den griechischen Traditionen. Doch die Dichotomisierung in ‚männliche Schrift' und ‚weibliche Oralität' erfuhr in der jüdischen und der griechischen Kultur unterschiedliche Ausprägungen. Dies hängt wiederum mit den Unterschieden zwischen den Alphabeten zusammen: Während das semitische nur die Konsonanten schreibt, umfasst das griechische Alphabet alle Sprachlaute, also auch die Vokale. Es gibt das gesprochene Wort in seiner ganzen Form wieder, ohne dass es des Rückgriffs auf den sprechenden Körper bedarf. Die im Konsonantenalphabet geschriebenen Texte hingegen kann nur lesen, wer auch die Sprache spricht, also aus dem Inhalt erschließen kann, welches Wort gemeint sein könnte. (Bei den Buchstaben ‚rs' z. B. muss man aus dem Kontext erschließen können, ob ‚Riese', ‚Rose', ‚Reis', ‚Reise' oder etwa der ‚Ruß' gemeint sind.) Dadurch erhielt sich in den jüdischen religiösen und weltlichen Traditionen eine Komplementarität von Schriftlichkeit und Mündlichkeit. Der sprechende Körper konnte nicht einfach ‚vergessen' werden. Eben dieses Prinzip fand in der mündlichen Exegese ihren Ausdruck: Die Weitergabe der Heiligen Schrift wurde von Generation zu Generation über das Gespräch von Lehrer und Schüler vermittelt; und sie schlug sich im Konzept des Talmud als einer ‚mündlichen Thora' nieder.

Warum wird der Talmud – ein Schriftwerk, das um etwa 600 weitgehend abgeschlossen war – als ‚mündliche Thora' bezeichnet? Er lässt unterschiedliche Interpretationen nebeneinanderstehen und verzichtet damit auf die Eindeutigkeit, die mit dem geschriebenen Wort assoziiert wird. Die Thora ist Kanon, aber der Talmud erlaubt es, dem Kanon viele Auslegungsmöglichkeiten beizugeben und der Heiligen Schrift so zu einer Vieldeutigkeit zu verhelfen, die eine Aktualisierung und Anpassung an neue historische Situationen und kulturelle Kontexte erlaubt. Erst mit dem Talmud wurde das jüdische Volk wahrhaft diasporafähig.

Im griechischen Alphabet dagegen, mit seiner vollen Erfassung der gesprochenen Sprache, ging es nicht um die Komplementarität von Schriftlichkeit und Mündlichkeit, vielmehr trat die Schrift in *Konkurrenz* zum Sprechen. Das zeigte sich einerseits an der Abwertung des flüchtigen, gesprochenen Wortes gegenüber dem ‚ewigen' geschriebenen Gedanken, beinhaltete andererseits aber auch die allmähliche Gestaltung der gesprochenen Sprache nach den Gesetzen und der Logik des Geschriebenen. Christus als das „Fleisch gewordene

Wort" (Joh Ev Prolog, 14) ist *die* Symbolgestalt dieses ‚griechischen' Grundverhältnisses von Schrift und Sprache, Geist und Materie: Sie erzählt von einem Signifikanten, der sein eigenes Signifikat produziert.

In beiden Kulturen spiegelte sich das Verhältnis von Schriftlichkeit und Oralität in der symbolischen Geschlechterordnung wider. So begründet Paulus seine Forderung nach einer Verschleierung der Frauen in der Kirche damit, dass der Mann das Haupt nicht zu verhüllen brauche, „weil er Bild und Abglanz Gottes ist; die Frau dagegen [ist] Abglanz des Mannes" (1. Kor 11,7). Er führt eine Hierarchie der Ebenbildlichkeit in die Geschlechterbeziehung ein: Das Männliche wird zum ‚Original', das Weibliche zu dessen Kopie. Das unzertrennliche Verhältnis von Original und ‚Kopie' setzt wiederum die symbiotische Beziehung voraus, die die Kirche von den Geschlechtern einforderte: Das Christentum ist die einzige monotheistische Religion, die die Ehe zum Sakrament erhob und ihre Unauflösbarkeit verkündete. In dieser Geschlechterbeziehung spiegelt sich das dem vollen Alphabet eigene Verhältnis von Schrift und Oralität wider: So wie die Frau ‚Abbild des Mannes' ist, wird auch die gesprochene Sprache zum Abbild der Schrift. Die Geschichte des Christentums lässt sich als ein historischer Prozess lesen, in dessen Verlauf das gesprochene Wort allmählich nach den Gesetzen des geschriebenen geordnet und gestaltet wurde: ein Prozess, der sich mit der Erfindung des Buchdrucks rasant beschleunigte und um 1800, parallel zum Beginn einer allgemeinen Alphabetisierung, eine allmähliche Ununterscheidbarkeit von Mündlichkeit und Schriftlichkeit herbeiführte. Die Mündlichkeit war in die geschriebene Sprache eingeflossen und wurde von dieser ‚assimiliert'.

Auch in den jüdischen Traditionen fand eine Assimilierung der ‚weiblichen' Oralität statt. Denn der Talmud wird zwar als ‚mündliche Thora' bezeichnet, aber geschrieben wurde er von und für Männer. Auf diese Weise wurde das Prinzip Mündlichkeit zu einer männlichen Angelegenheit. Den Frauen blieb das Prinzip der Leiblichkeit vorbehalten, wie die matrilineare Genealogie zeigt. Aber die Sprache selbst gehörte ihnen höchstens in Form von Alltagssprache: Das Jiddisch des aschkenasischen Judentums zum Beispiel wurde oft als ‚Frauensprache' bezeichnet.

Der prinzipielle Unterschied bestand also darin, dass sich die Schriftgelehrten des Talmud das an sich ‚weibliche' Prinzip der Oralität angeeignet hatten, um den Talmud zu schreiben und dem Heiligen Text eine Interpretationsvielfalt zu geben, während das griechische Alphabet zur Überlagerung der Oralität durch die Schrift und damit auch zur Neugestaltung des sprechenden Körpers nach den Regeln des Geschriebenen führte. Als der Prozess der Neugestaltung durch das volle oder vokalisierte griechische Alphabet mehr oder weniger vollzogen war – mit dem Beginn der allgemeinen Alphabetisierung um 1800 war dies der Fall –, setzte der Umbruch ein, den wir mit den Begriffen ‚Aufklärung' und ‚Säkularisierung' umschreiben. Er war die logische Folge der Wirkungsgeschichte des griechischen Alphabets. Für die mitten in der christlichen Gesellschaft lebenden jüdischen Gemeinschaften implizierte er jedoch eine Situation, die in ihrer Reichweite nur mit dem Beginn der Diaspora zu vergleichen ist.

Säkularisierung

‚Säkularisierung' verweist einerseits auf den Prozess der Entkirchlichung, bedeutet andererseits aber auch, dass christliche Werte weltlichen Charakter annahmen, dabei aber vorgeben, religionsneutral zu sein. Dies geschah in Europa mit der Neudefinition feudal-kirchlicher Länder zu politischen ‚Nationen'. Dank ihrer angeblichen Religionsneutralität öffneten sich diese neuen Gemeinschaften, die sich auf eine politische, kulturelle oder sprachliche Gemeinsamkeit beriefen, den anderen Religionen; sie machten Juden, wenn auch langsam, zu vollen Staatsbürgern.

Dieser Umbruch hatte eine Spaltung des Judentums zur Folge. Zum ersten Mal in der Geschichte der jüdischen Religion gab es nicht nur unterschiedliche, sondern auch sich gegenseitige ausschließende Definitionen von Jüdisch-Sein. Trotz großer Kontroversen zwischen den Gelehrten hatten sich die verschiedenen Interpretationen der Heiligen Schrift nie ausgeschlossen. Noch Ende des 19. Jahrhunderts wurde in Wilna eine große Talmud-Ausgabe gedruckt, in der die verschiedenen Talmud-Fassungen enthalten waren, an den Rändern versehen mit Kommentaren, Superkommentaren und Korrekturen, die andere Auslegungen enthielten. Statt der Vielfalt gab es nun aber eine Spaltung. Ab dem späten 18. Jahrhundert – das heißt, mit dem Beginn der europäischen Moderne – ging es nicht mehr um einen Gelehrtenstreit innerhalb der Tradition, sondern um die Tradition selbst. Es entwickelten sich einerseits die orthodoxen Bewegungen, die jede Weiterentwicklung der Interpretation verweigerten,

andererseits entstand aber auch die jüdische Aufklärung: Moses Mendelssohn versuchte, die Erhaltung jüdischer Lebensformen mit dem Anspruch auf Bildung und Aufklärung des modernen Europa zu versöhnen. Das christliche Europa stand jedoch in der Tradition des griechischen Alphabets: die Gestaltung des gesprochenen Wortes nach dem Gesetz der Schrift. Die Heilige Schrift aus dem Hebräischen ins Deutsche zu übersetzen, bedeutete somit auch die Übernahme einer Schrift- und Sprachtradition, die ‚Eindeutigkeit' implizierte und von den Gelehrten des Talmud bis dahin vermieden worden war.
In der orthodoxen Bewegung fand eine Abkehr von der Tradition der Auslegungsvielfalt statt. Sie hatte schon im 19. Jahrhundert begonnen, doch durch die Shoah verstärkte sie sich noch, weil diese die Rückbesinnung auf jüdische Quellen und Traditionen zur Folge hatte. Diese Rückbesinnung führte vor allem unter den Neo-Orthodoxen zur Entstehung einer neuen Schriftgläubigkeit, die paradoxerweise eine *Annäherung* an christliche Traditionen zur Folge hatte. Haym Soloveitchik, der Jüdische Geschichte und Philosophie lehrt, beschreibt die Entstehung dieser neuen jüdischen Orthodoxie ab etwa 1950 folgendermaßen: „Wenn ich die Veränderungen in der jüdischen religiösen Gemeinschaft in der letzten Generation mit einem Satz beschreiben sollte, so würde ich auf die neue und kontrollierende Funktion der Texte verweisen, die im religiösen Leben eingetreten ist."[8] Er führt diese Dominanz des Textes auf einen Akkulturationsprozess zurück, der durch die Migration in die USA, die Anpassung an die Lebensformen der Moderne und eine „dramatische Zunahme von interkultureller Eheschließung" stattgefunden habe.[9] Das jüdische Leben der Vormoderne habe im osteuropäischen Judentum aus gelebter Tradition und unbewussten, von Generation zu Generation vermittelten Riten bestanden, die – wie das Jiddische – oft von den Müttern vermittelt wurden. Der Verlust dieser Gewohnheiten sei von einer nachrückenden Generation junger, vor allem männlicher Juden durch ein Regelwerk ersetzt worden. „Aus der Lebensweise ist eine regula geworden, und das Verhalten, einst von Gewohnheit bestimmt,

8 Haym Soloveitchik: *Rupture and Reconstruction. The Transformation of Contemporary Orthodoxy*. In: *Tradition. A Journal of Orthodox Jewish Thought* 28,4 (1994), S. 64–130, hier S. 65.

9 Ebd., S. 78–79.

wird nun von der Bestimmung regiert."[10] (Es ist auch aufschlussreich, dass Soloveitchik hier den Begriff der ‚regula' verwendet, der vom Heiligen Benedikt im 6. Jahrhundert eingeführt worden war, um das Regelwerk des christlichen Klosterlebens zu beschreiben.)

Die Zunahme der Textorientierung, so Soloveitchik, sei der Tatsache geschuldet, dass die neue, in den USA aufgewachsene Generation ihr ganzes Wissen für Beruf und Alltag aus Büchern erlernt habe und nun auch durch Bücher – Handbücher, Führer, die auf Englisch oder in modernem Hebräisch geschrieben sind – Zugang zur Religion suche. Die Entwicklung stelle einen Bruch mit der oralen Tradition dar, die er vornehmlich im Jiddischen verortet. „Jiddisch wurde für den Alltag und die mündliche Lehre verwandt. Das Hebräische für das Gebet und alle gelehrten Schriften."[11] Nun sei statt des Jiddischen das Englische zur ‚Muttersprache' geworden. Doch dieses Englisch, wie auch die moderne Gesellschaft, in der religiöse Juden leben, sei von „geschriebenen Regeln" beherrscht, und diese „Verlagerung der Autorität zum Text als einziger Quelle der Authentizität"[12] habe Folgen für die Definition jüdischer Identität und religiösen Lernens gehabt:

> Darauf erpicht, jüdische Traditionen zu bewahren, gründen religiöse Juden heute ihr Bedürfnis nach Spiritualität nicht auf einer unerreichbaren Intimität mit Ihm, sondern auf einer Intimität mit Seinem Willen. [...] Nachdem sie der Berührung mit Seiner Gegenwart verlustig gegangen sind, suchen sie nun unter Seinem Joch Geborgenheit.[13]

Das ‚Joch', von dem Soloveitchik spricht, ist die Schriftgläubigkeit. Sie bedeutet Verzicht auf eine Auslegungsvielfalt und Verlust der Komplementarität von Oralität und Schriftlichkeit, die die jüdische Religion bis dahin gekennzeichnet hatte und die, wenn auch als männliches Privileg, im Talmud erhalten blieb.

Damit stellten sich völlig neue Fragen an ein Konzept, das die Heilige Schrift zum ‚portativem Vaterland' und die jüdische Mutter zur Definition des Juden gemacht hatte. Juden, die an der traditionellen Vielfalt des Judentums festhalten wollten, mussten nach neuen Formen

10 Ebd., S. 71.
11 Ebd., S. 83.
12 Ebd., S. 87.
13 Ebd., S. 103.

der Komplementarität von Schriftlichkeit und Oralität suchen, die das Prinzip der Ambivalenz zu transportieren vermochte. Da aber das Prinzip der Oralität – zumindest in der christlichen Gesellschaft – von der Schriftlichkeit aufgesogen worden war, stellte sich, und dies zum ersten Mal seit der Antike, die Frage, ob sich nicht Vielfalt statt durch Oralität durch die Präsenz des Weiblichen, das die Oralität *symbolisierte*, herstellen ließ.

Diese Frage spiegelte sich in der Überlagerung von ‚Judenbildern' und Geschlechterbildern wider, die eben nicht nur den rassistischen Antisemitismus,[14] sondern auch jüdische Selbstdefinitionen des 19. Jahrhunderts durchzog. Eine Überlagerungen von Lehre und Sexualität hatte es immer schon gegeben: So etwa, wenn der Sexualakt in der Kabbalah und in chassidischen Lehren als ‚Tor' der Begegnung mit Gott und dem Heiligen beschrieben wird. Oder wenn es andersherum in einem chassidischen Text heißt, dass ein Mann, der sich ins Studium der Thora vertieft, „Gott in seinem Fleisch erkennt". Der Text vergleicht ganz ausdrücklich den Koitus, „die größte Freude aller Freuden", mit einem intensiven Studium des Heiligen Textes.[15] Doch während für den chassidischen Gläubigen der Vergleich von Heiliger Schrift und Sexualität eher metaphorisch gemeint war, ging es nun tatsächlich um die ‚Belebung' der Bedeutungsvielfalt durch den Rekurs auf das gelebte Geschlecht – und das ließ sich nicht mehr symbolisch abhandeln. Es bedurfte des lebendigen weiblichen Körpers.

Auch für die christliche und post-christliche Gesellschaft führte der Verlust – oder die Aneignung – der Oralität, der körpernahen Sprache, durch die Schrift zu einer tiefen Krise, die gegen Ende des 19. Jahrhunderts von vielen Schriftstellern thematisiert wurde. Sie war vom Gefühl bestimmt, dass das Ich nicht spricht, sondern gesprochen

14 Vgl. Christina von Braun / Eva-Maria Ziege (Hrsg.): *Das bewegliche Vorurteil. Aspekte des Internationalen Antisemitismus.* Würzburg: Königshausen & Neumann 2004; Christina von Braun: *Versuch über den Schwindel. Religion, Schrift, Bild, Geschlecht.* Zürich / München: Pendo 2001; dies.: ‚Der Jude' und ‚Das Weib'. Zwei Stereotypen des ‚Anderen' in der Moderne. In: Ludger Heid / Joachim H. Knoll (Hrsg): *Deutsch-jüdische Geschichte. Von der Aufklärung bis zur Gegenwart*, Bonn / Stuttgart: Burg 1992, S. 289–322.

15 Jacob Joseph von Polonnoye: Korets 1780, zit n. Mendel Piekarz: Hasidism as a Socio-religious Movement on the Evidence of Devekut. In: Ada Rapoport-Albert (Hrsg.): *Hasidism Reappraised.* Portland: Vallentine Mitchell 1996, S. 225–250, hier S. 225 (Übers. d. Verf).

wird. Arthur Rimbauds berühmtes Diktum sagt nichts anderes: „C'est faux de dire: je pense. On devrait dire: on me pense. Je est un autre."[16] Ähnlich heißt es in Hugo von Hofmannsthals *Lord Chandos-Brief*: „Es zerfiel mir alles in Teile [… und] die einzelnen Worte schwammen um mich […,] Wirbel sind sie […,] die sich unaufhaltsam drehen und durch die hindurch man ins Leere kommt".[17] So sei ihm „die Fähigkeit abhanden gekommen, über irgendetwas zusammenhängend zu denken oder zu sprechen."[18] Rimbaud und Hofmannsthal sind zwei Beispiele für diese ‚Entleerung' der Sprache um 1900; sie wurde von vielen Dichtern und Schriftstellern thematisiert – und führte auch zur Entstehung der Linguistik, neuer Formen von Sprachphilosophie und vor allem zur Psychoanalyse, die ihre Entstehung der Erkenntnis verdankte, dass Symptome Körper gewordene Sprache sein können.[19]

Ich denke, es ist nicht falsch, den Wandel, der sich mit der Geschlechterordnung vollzog, unter dem Blickwinkel der Schrift zu sehen. Natürlich gibt es noch andere Faktoren, aber das Alphabet stand am Anfang einer symbolischen Geschlechterordnung, die Männlichkeit mit dem geschrieben Wort und abstrakter Geistigkeit und Weiblichkeit mit Oralität und Leiblichkeit gleichsetzte. So musste eine Krise der Sprache notwendigerweise auch eine der Krise der Geschlechterordnung mit sich bringen. Tatsächlich ist die mentalitätsgeschichtlich einmalige Geschwindigkeit, mit der sich ab etwa 1900 der Wandel der Geschlechterordnung vollzog, nur damit zu erklären, dass diese Ordnung einzig auf kulturellen Faktoren basierte. In kürzester Zeit wurden Vorstellungen über die angebliche Unvereinbarkeit der weiblichen ‚Natur' mit geistiger Aktivität über Bord geworfen. Nicht nur wurden Frauen zu akademischer Ausbildung zugelassen, erhielten sie das aktive und passive Stimmrecht, sie durften sogar Geistliche werden – zunächst waren es die Rabbinerinnen, dann die Pastorinnen, nun gibt es in einigen Regionen auch weibliche Imame (nur die

16 „Es ist falsch zu sagen: ich denke. Man müßte sagen: es denkt mich. Ich ist ein anderer." (Arthur Rimbaud: Seherbriefe. In: Ders: *Sämtliche Dichtungen*, zweisprachige Ausg., aus dem Frz. v. Walter Küchler, München: dtv 1997, S. 367–368.)

17 Hugo von Hofmannsthal: Der Brief. In: Ders.: *Sämtliche Werke*, Bd. 31: Erfundene Gespräche und Briefe, hrsg. v. Ellen Ritter. Frankfurt am Main: Fischer 1991, S. 46.

18 Ebd., S. 48.

19 Vgl. Christina von Braun: *Nicht ich. Logik Lüge Libido* [1985]. Frankfurt / Berlin: Neue Kritik 2009.

katholische Kirche zögert noch). Zwar vollzogen sich diese Umwälzungen im christlichen Kulturraum, aber am Kampf um Bildung hatten Jüdinnen einen überproportional hohen Anteil.

Parallel zu diesen ‚neuen Frauen' entstand eine neue Generation von männlichen Juden: Sie setzten sich über die Ritualgesetze hinweg, gingen nicht oder kaum in die Synagoge und betrachteten sich generell als religionsfern. Aber sie verleugneten nicht ihr Jude-Sein. Mit ihnen entstand das, was Yosef Hayim Yerushalmi am Beispiel von Sigmund Freud als ‚psychologischen Juden' bezeichnet. „Den klassischen jüdischen Texten entfremdet", so schreibt er,

> spricht der psychologische Jude gern von unveräußerlichen jüdischen Zügen. Befragt man ihn weiter, so nennt er als typische jüdische Eigenschaften unter anderem Intellektualität und geistige Unabhängigkeit, höchste ethische und moralische Normen, Sinn für soziale Gerechtigkeit und Unbeirrbarkeit angesichts der Verfolgung.[20]

Neben dem ‚psychologischen Juden' gab es auch den ‚kulturellen Juden': Auch er war religionsfern, und dennoch spielte die jüdische Herkunft eine wichtige Rolle. Diesen ‚kulturellen Juden', repräsentiert durch Ernst Cassirer, Georg Simmel oder Franz Kafka, verdankte das geistige Klima der Jahrhundertwende in Wien, Berlin oder Prag Impulse, die im Kontext einer *geistigen* Tradition des Judentums zu sehen sind: Impulse, die Ausbildung der Kritik- und Denkfähigkeit bedeuteten.[21] Sie hatte viel mit der Tradition der mündlichen Exegese gemein: der Fähigkeit, verschiedene Interpretationen der Thora nebeneinander stehen zu lassen und den Widerspruch zu ertragen.

Dass dieser kulturelle Wandel mit einer neuen Einschätzung der Geschlechterrollen einherging, zeigt eine zweite Revolution, die sich parallel dazu vollzog: Ende des 19. Jahrhunderts entstanden die Sexualwissenschaften; und auch hier gehörten überproportional viele Juden zu den Pionieren. Mit den Sexualwissenschaften gerieten die alten Vorstellungen von klar definierten Unterschieden zwischen den Geschlechtern ins Wanken. Indem sie die Existenz eines eigenständigen, von der Fortpflanzung unabhängigen Sexualtriebs

20 Yosef Hayim Yerushalmi: *Freuds Moses. Endliches und unendliches Judentum*, aus d. Amerik. v. Wolfgang Heuß. Berlin: Wagenbach 1992, S. 28.

21 Vgl. Astrid Deuber-Mankowsky: *Der frühe Walter Benjamin und Hermann Cohen. Jüdische Werte, Kritische Philosophie, vergängliche Erfahrung*, Berlin: Vorwerk 8 2000.

behaupteten, schufen die Sexualwissenschaften neue Definitionen von Männlichkeit und Weiblichkeit: Ein ‚männlicher Geist' konnte in einem weiblichen Körper agieren, und ‚weibliche Emotionalität' im männlichen Körper zu Hause sein. Die Entstehung neuer Verhütungs- und Reproduktionstechniken im 20. Jahrhundert verstärkten diese Tendenz zusätzlich. Über Jahrhunderte hatte die strikte Monogamie – das heißt, die Kontrolle der Sexualität der Frau – als einzige Möglichkeit gegolten, den Vaterschaftsanspruch zu sichern; und die Definition des Juden als Sohn einer Jüdin ging notwendigerweise mit der Kontrolle der weiblichen Sexualität einher. Mit Samenbanken, Eispenden, Leihmüttern und Embryotransplantationen wurde diese Kontrolle obsolet: Vaterschaft lässt sich heute auch auf andere Weise effizient sichern. Natürlich betreffen diese Entwicklungen bisher nur einen kleinen Teil der Bevölkerung, aber die Phantasie der Kontrollmöglichkeit war schon ab Ende des 19. Jahrhunderts präsent, fand in der Eugenik ihren Ausdruck und übte einen zunehmenden Einfluss auf die Geschlechterordnung aus. Zumindest kann man es nicht für einen Zufall halten, dass zeitgleich mit der Möglichkeit, auf geplante Weise für den Nachwuchs zu sorgen, auch die Regeln des Sexualverhaltens gelockert wurden: Das Verbot der Homosexualität verschwand allmählich aus den meisten Gesetzbüchern der Industrieländer, Ehebruch wurde nicht mehr geahndet und die Sexualität selbst ‚entkulpabilisiert'.

Diese Veränderung musste natürlich auch die Rollen von Vater und Mutter betreffen. Wie die Zukunft der Reproduktion aussieht, hat Carl Djerassi, der sich selbst ‚die Mutter' der Pille nennt, anlässlich der Fünfzigjahrfeiern zur Entwicklung der Pille kürzlich beschrieben: In einem 2010 ausgestrahlten Film *50 Jahre Antibaby-Pille* sagt er:

> Die Zukunft wird so sein: Sterilisierung im Alter von 20 Jahren oder wann immer wir anfangen wollen mit sexuellem Verkehr, und [vorher gehen Sie hin, um] Ihre Gameten, also die Eier und die Spermien einzufrieren, also diese kommen auf ein Bankkonto, Ihre Gameten. Und wenn Sie dann Ihr Kind haben wollen, das erwünschte Kind, dann gehen Sie zur Bank, zu Ihrem Konto, mit Iban und Ihrer Nummer, und sagen, bitte, Konto Nr. soundso, ich möchte mein Ei heute haben, und dann haben Sie eine künstliche Befruchtung […].[22]

22 *50 Jahre Antibaby-Pille* (D/USA 2010, R: Michaela Kirst). Ausstrahlung auf Arte am 12. November 2010.

Mit dieser Entwicklung stellt sich aber ganz generell die Frage nach Patri- und Matrilinearität: Lassen sich diese Gesetze aufrechterhalten, wenn gleichzeitig die Geschlechterrollen und damit auch Vaterschaft und Mutterschaft so wenig an soziale Rollen gebunden sind?
Hinzu kommt auch noch ein weiterer Aspekt: die (zumindest teilweise) Aufhebung der Diaspora. Seit der Entstehung des Staates Israel ist der Grundgedanke, der ursprünglich hinter der Definition stand, dass Jude ist, wer eine Jüdin zur Mutter hat, nicht mehr von derselben Relevanz. Natürlich lebt nur ein kleiner Teil der Juden in Israel, die meisten leben weiterhin in anderen Ländern, doch der ‚Gedanke Israel' ist in der Mehrheit von ihnen tief verankert.
Ebenso wichtig erscheint mir ein weiterer Aspekt: Die Auflösung der traditionellen Geschlechterordnung ermöglicht die Bewahrung einer Ambivalenz, die das Judentum und jüdische geistige Traditionen in der Diaspora begleitet hat. Nun ist es aber nicht mehr das Prinzip der Oralität, das die Ambivalenz und Widersprüchlichkeit sichert; vielmehr entsteht sie durch die Verwischung der Grenzen zwischen den symbolischen Rollen, die die Schrift den beiden Geschlechtern zugewiesen hat. Insofern könnte man sagen, dass die Gemeinden, die dazu übergegangen sind, die Definition von ‚Jüdisch-Sein' nicht auf die Mutter einzuschränken, sondern auf beide Eltern auszuweiten, den alten Gedanken der Ambiguität, der einst das Verhältnis von Schriftlichkeit und Mündlichkeit charakterisierte, konsequent weiterführen. Die Genealogie ist nicht mehr gespalten in ‚männliche Geistigkeit' und ‚weibliche Leiblichkeit'. Vielmehr repräsentieren die beiden Geschlechter beide genealogische Prinzipien: eine Ambiguität, die viele Interpretationsmöglichkeiten offenlässt.

Patrilineare in Deutschland: Jüdisch oder nicht? Eine psychologische Untersuchung

Christa Wohl

Wir werden in diese Welt geboren, in verschiedene Länder, Kulturen, Religionen, Familien. Wir leben und wachsen mit den Bedingungen, die wir vorfinden und mitgestalten. Das bedeutet auch innerhalb von Familien, dass Einflüsse aus verschiedenen Kulturen aufeinandertreffen. Aus psychologischer Sicht stellt sich dazu insbesondere die Frage: Was bedeutet es für das Erleben und Verhalten von Menschen, an der Schnittstelle verschiedener Kulturen aufzuwachsen, und wie stellen sie vor diesem Hintergrund Identität her?

Hier setzt die diesem Beitrag zugrunde liegende Studie[1] an und befasst sich mit einem Teilaspekt: Welche Bedeutung hat ihre Herkunft für Menschen, die einen jüdischen und einen nichtjüdischen Elternteil haben? Besonders für Menschen mit jüdischem Vater stellt sich diese Frage, denn die Zugehörigkeit zum Judentum wird nach den geltenden religiösen Gesetzen über die Mutter an ihre Kinder weitergegeben. Das bedeutet für die Kinder jüdischer Väter und nichtjüdischer Mütter, von der jüdischen Gemeinschaft nicht als Jüdinnen und Juden anerkannt zu werden, unabhängig davon, wie sie aufwachsen und nach welchen Regeln und Ritualen die Familie lebt. Wenn sie der jüdischen Gemeinschaft angehören wollen, müssen sie wie andere Nichtjüdinnen und Nichtjuden konvertieren, was ein langwieriges Verfahren ist. Von dem hauptsächlich nichtjüdisch

1 Christa Wohl: Jüdischer Vater und nicht-jüdische Mutter: Wie konstruieren die Kinder ihre Identität? Unveröffentlichte Studienabschlussarbeit. Hagen: Fernuniversität in Hagen 2012.

geprägten gesellschaftlichen Umfeld in Deutschland werden diese Kinder jedoch häufig als jüdisch wahrgenommen und behandelt.
Die Studie, auf der der vorliegende Beitrag basiert, fragte danach: Wie konstruieren Menschen vor diesem Hintergrund ihre Identität? Wie integrieren sie diesbezügliche Erfahrungen und welche Lösungen finden sie? Welche Ressourcen stehen ihnen zur Verfügung? Und wie kategorisieren sie sich selbst: Fühlen sie sich eher jüdisch, nichtjüdisch, christlich, oder beschreiben sie sich in ganz anderen Kategorien? Gibt es Besonderheiten durch die Verortung der Familien in Deutschland? Welche Erfahrungen sind für sie relevant?
Wichtig für diesen Beitrag ist zunächst die Konzeptionalisierung von jüdischer Identität. Sigmund Freud schrieb über sein Jüdischsein:

> Was mich ans Judentum band, war – ich bin schuldig, es zu bekennen – nicht der Glaube, auch nicht der nationale Stolz, denn ich war immer ein Ungläubiger, bin ohne Religion erzogen worden, wenn auch nicht ohne Respekt vor den „ethisch" genannten Forderungen der menschlichen Kultur. [...] Aber es blieb genug anderes übrig, was die Anziehung des Judentums und der Juden unwiderstehlich machte, viele dunkle Gefühlsmächte, umso gewaltiger, je weniger sie sich in Worte erfassen liessen, ebenso wie die klare Bewusstheit der inneren Identität, die Heimlichkeit der gleichen seelischen Konstruktion.[2]

Wie das Zitat von Freud verdeutlicht, gibt es Facetten jüdischer Identität, die über Religiosität hinausgehen. Spätestens nach der Aufklärung entstand eine weiter gefasste jüdische Identität, die „nun sowohl Zugehörigkeit zur Religionsgemeinschaft als auch Zugehörigkeit zu einer weltlichen oder kulturellen Gemeinschaft bedeuten konnte"[3].
Die Entstehung einer kulturellen jüdischen Identität im 19. Jahrhundert setzte sich mit der Entwicklung des Zionismus fort.[4] Seither besteht eine (weitere) Facette jüdischer Identität in dieser nationalen Komponente. In einer amerikanischen Studie, die den Zusammenhang zwischen jüdischer Identität, der Deutschlandfeindlichkeit und dem Wissen über den Holocaust bei amerikanischen und deutschen

2 Sigmund Freud: Ansprache im Verein B'nai B'rith. In: Ders.: *Gesammelte Werke*, Bd. 17: Schriften aus dem Nachlaß, hrsg. v. Marie Bonaparte / Anna Freud. London / Frankfurt am Main: Imago / Fischer 1941, S. 51–52.

3 Christina von Braun: Vorwort: ‚Jüdische Identität'? In: Juliane Sucker / Lea von Wohl Haselberg (Hrsg.): *Bilder des Jüdischen. Selbst- und Fremdzuschreibungen im 20. und 21. Jahrhundert.* Berlin: de Gruyter 2013, S. 3–11, hier S. 8.

4 Vgl. ebd.

Jüdinnen und Juden untersucht, wird jüdische Identität konzeptualisiert mit den Facetten „National, Interdependence of Fate, Religious, Anti-Semitism"[5]. Der Holocaust und sein Gedenken sowie daraus resultierend eine neue Form der Auseinandersetzung mit Antisemitismus sind nun ein weiterer möglicher Teil jüdischer Identitäten neben den sozio-kulturellen Facetten, wie Madeleine de Fries in ihrer Studie zur Bindung jüdischer Menschen an das Judentum in den Niederlanden empirisch zeigen konnte.[6] Aus all diesen Facetten können sich in unterschiedlichen Kombinationen und Ausprägungen jüdische Identitäten konstituieren, wie in den Ergebnissen deutlich wird, die im Folgenden zusammengefasst werden sollen.

In der Psychologie gibt es zu diesem Thema noch weniger Forschung als in anderen Disziplinen, in diesem Band sind die Arbeiten von Catherine Gransard und Madeleine Dreyfus dem psychologischen Forschungsspektrum zuzuordnen, während die übrigen Beiträge eine soziologische, religionstheoretische oder kulturwissenschaftliche Perspektive einnehmen. Die hier zugrunde liegende Arbeit wurde als qualitative Studie angelegt, die das Erleben und die Perspektiven der Befragten untersuchen sollte. Die Leitfäden der geführten Interviews wurden unter Berücksichtigung verschiedener Identitätstheorien vor dem Hintergrund der spezifischen Forschungsfrage entwickelt.[7] Dabei wurde Wert darauf gelegt, auch Elemente narrativer Interviews mitaufzunehmen und in der Auswertung zu berücksichtigen, da Menschen ihre Identität in der Darstellung ihrer Biografie sowohl zum Ausdruck bringen als auch immer wieder herstellen.

5 Lauren M. Half/ Jefferson A. Singer / John R. Mackinnon: Jewish Identity. Hostility Toward Germany, and Knowledge About the Holocaust in the United States and Germany. In: *Journal of Psychology and Judaism* 23,3 (1999), S. 107–124, hier S. 115.

6 Madeleine deFries: Jews in the Netherlands and their various ties with Judaism. In: Charles Westin/ José Bastos/ Janine Dahinden / Pedro Góis (Hrsg.): *Identity Processes and Dynamics in Multi-ethnic Europe.* Amsterdam: Amsterdam UP 2010, S. 53–72, hier S. 59.

7 Für die Interviews wurden eine Eingangsfrage und sechs Fragenbereiche entwikkelt, die aus verschiedenen Identitätstheorien vor dem Hintergrund der Forschungsfrage mit dem Ziel abgeleitet wurden, im Interview als Checkliste genutzt zu werden. Die Eingangsfrage wurde offen formuliert, um es den Gesprächspartnern zu ermöglichen, einen erzählenden Einstieg zu finden und eigene Themen und Relevanzen auszudrücken, während die übrigen Fragen als Anregung zur Besprechung vorgedachter Themenbereiche konzipiert waren.

1. Die Interviewpartner_innen: So vielfältig die Bedingungen, so vielfältig die individuellen Strategien

An der Studie nahmen in Deutschland lebende Familien teil, die aus einem jüdischen Vater, einer nichtjüdischen Mutter und mindestens einem erwachsenen Kind bestehen. Insgesamt wurden Gespräche mit mehreren Familien geführt, darunter waren Interviews mit jungen Menschen von 23 bis 34 Jahren. Zwei Geschwisterpaare und drei einzelne Personen wurden in die Auswertung einbezogen und werden auszugsweise im Folgenden dargestellt. Alle diese Interviewpartner_innen haben oder hatten Kontakt zu jüdischen Gemeinden, zwei wurden vor ihrer Bar Mitzwa durch ein Rabbinatsgericht als jüdisch anerkannt. Eine Familie stammt aus der DDR, bei drei Gesprächspartnern sind die Väter israelischer Herkunft. Die Befragten haben zum Teil jüdische Großeltern, die Überlebende des Holocaust waren, aber es gibt auch Großeltern, die bereits in den 1920er Jahren als Kinder nach Palästina eingewandert waren. Die Interviews wurden von November 2011 bis Januar 2012 durchgeführt. Die genannten Namen der Interviewten sind Pseudonyme.

Ebenso wie die Hintergründe der Befragten, ihre Herkunft und auch ihre aktuellen Lebensbedingungen sehr unterschiedlich sind, so unterscheiden sie sich in ihren Haltungen und Lösungsansätzen für doch ähnliche Fragestellungen. Auch dies, was sie als die Kernthemen vor dem Hintergrund der Identitätsfrage herausstellen, zeigt eine große Bandbreite.

Amelie: Reicher als andere

Ihre gemischte Herkunft, einen jüdischen Vater und eine nichtjüdische Mutter zu haben, versteht Amelie so, dass sie mehr hat als andere. Sie sieht das als eine Art ‚Plus', verglichen mit den Mitschüler_innen, die keine solche gemischte Herkunft besitzen. Sie hat etwas hinzubekommen, der Vergleich mit anderen hat für sie damit ein positives Ergebnis. Diese Haltung zieht sich durch das gesamte Gespräch und scheint ihre Weltsicht zu bestimmen. Sie erzählt ihre Geschichte als die eines Mädchens, das mit Bezug sowohl zu Deutschland als auch zu Israel aufgewachsen ist. In der Pubertät wurde ihr Bedürfnis nach Zugehörigkeit jedoch nicht erfüllt. Weder in der jüdischen Gemeinde noch unter jüdischen Freund_innen fühlte sie sich zu Hause. In dieser Zeit war Zugehörigkeit wichtig für sie und sie ging häufig mit ihrem

Vater in die Synagoge. Als sie konvertieren wollte, um ‚richtig' jüdisch zu sein, erlebte sie eine Enttäuschung in der jüdischen Gemeinde. Ein Gespräch, das in ihrer Erwartung der Information dienen sollte, wurde von den Rabbinern wie eine Prüfung durchgeführt. So schildert sie die Fragen des Rabbiners: „ob ich denn Hebräisch könne, und ich solle doch mal hier was vorlesen, und ob ich an Gott glauben würde". Das Erlebnis deutet sie als Ablehnung, doch sie hat diese Erfahrung (für sich) positiv gewendet, indem sie sagt, sie laste das den Rabbinern an, nicht dem Judentum als solchem. Sie betont, dass sie jetzt keinen Wert mehr auf die Zustimmung und Akzeptanz von Rabbiner_innen lege. Vielmehr habe sie eine eigene Haltung zum Judentum gefunden: Sie definiert sich als jüdisch. Dennoch glaubt sie, dass die Frage ihrer gemischten Herkunft sie auch zukünftig wieder verunsichern kann, auch wenn sie sich aktuell gefestigt fühlt.

Aviva: In Schubladen gesteckt

Das Thema, das Aviva gleich zu Beginn anspricht und das im Laufe des Gesprächs wiederholt auftaucht, ist die Reaktion anderer Menschen, wenn sie von ihrem israelischen Vater erfahren. Das geschehe häufig, wenn sie auf ihren für viele fremdklingenden israelischen Namen angesprochen werde, berichtet sie. Dieses Verhalten anderer beschreibt sie zunächst neutral als „Erstaunen". Sie meint weitergehend, dass „manche Leute einfach komisch reagieren […,] man merkt, da ist jetzt etwas mit denen, was komisch ist, was sie jetzt gerade auf mich projizieren". Sie interpretiert das Verhalten der anderen so, dass sie annehmen, sie sei jüdisch und damit wissen, wie und wer sie sei. Dies hat sie Zeit ihres Lebens irritiert und macht sie bis heute wütend. Sie hat für sich verschiedene Reaktionsweisen darauf ausprobiert. Zunächst hat sie sich geweigert, über ihren israelischen Vater zu sprechen, mittlerweile ist ihre Strategie die folgende: „Ich habe angefangen zu sagen, das ist ein israelischer Name, […] ich bin […] aber im jüdisch traditionellen Elternhaus aufgewachsen. Aha, dann wird das nicht mehr hinterfragt". Neben der für sie besonders wichtigen ersten Reaktion anderer auf ihre Herkunft, ist Avivas Geschichte jene einer jungen Frau, die ihre Zerrissenheitsgefühle schließlich hinter sich lassen konnte. Sie hatte lange das Gefühl, zwischen zwei Stühlen zu sitzen, weder zur jüdischen Gemeinde noch zur nichtjüdischen deutschen Gemeinschaft zu gehören, sie sagt, „integriert war ich schon, aber es war halt immer nochmal ein Tick anders." In der Schule erfuhr sie die Fremdzuschreibung „jüdisch", wusste aber, dass sie wegen ihrer nichtjüdischen Mutter nicht jüdisch ist. Das wurde ihr vor ihrer Bat Mitzwa klar, von der sie sagt, „ich selbst hatte keine richtige Bat-Mitzwa, also das war / also wir haben dann so getan als ob", konkretere Erinnerungen hat sie nicht, denn irgendwie sei es in ihrer Familie nicht so wichtig gewesen. Sie beschreibt ihr Gefühl, anders zu sein, das sie erst verliert, als sie nach dem Abitur in Israel ist. Dort entdeckt sie Zugehörigkeitsgefühle. Sie findet Freund_innen, die „auch einfach multikulti waren, bzw. auch so bunt zusammengewürfelt waren wie ich". Der Aufenthalt in Israel wird für sie zu einer Suche nach ihren Wurzeln und zum „Weg zu meinem Vater". Alles gipfelt in einem Schlüsselerlebnis als Höhepunkt ihrer Geschichte, als sie sich am Meer „meinem Vater unglaublich nahe gefühlt" habe, „ich habe ihn verstanden". Nun empfindet sie sich als „komplett". Sie sagt: „ich hatte noch nie das Gefühl, so im Einklang mit mir selbst und mit allem hier zu sein, wie an diesem Ort [...]".

Zurück in Deutschland machte sie sich mit Hilfe einer neuen jüdischen Freundin auf den Weg in die jüdische Gemeinde. Dort erlebte sie Ausgrenzung, aber sie merkte auch, dass die jüdischen Menschen dort ebenso mit ihrer eigenen Herkunft Probleme haben. Davon kann sie sich positiv abgrenzen, sie hat die doppelte Staatsbürgerschaft, die sie „irgendwie stolzer" macht. „Also ich habe quasi das on the top noch dazu bekommen. Und das hat sich ganz toll angefühlt". Mittlerweile beschreibt sie sich als in Deutschland verwurzelt, „ich habe hier meine Familie, deutsch ist meine Muttersprache, aber ich sage, es ist auch nicht Zuhause", während in Israel alles gut ist: „Also wenn ich nach Israel komme – ist gut. – Ja".

Batya: Äußerst sensibel

Neben ihrer Verletzlichkeit scheint Batyas vorherrschendes Thema, das sich durch das gesamte Interview zieht, ihre Angst zu sein. Sie sagt von sich selbst, sie sei „generell ein bisschen ein ängstlicher Typ". Batyas Geschichte ist die eines Mädchens, das mit dem Holocaust, und damit mit den Themen Gewalt und Tod, bereits als kleines Kind häufig konfrontiert wurde. Ihre Großeltern waren polnische Juden, die den Holocaust in verschiedenen Lagern als einzige ihrer Familien überlebt haben. Die Geschichte der Jüdinnen und Juden, konkret die

Geschichte der eigenen Großeltern, ist das Vermächtnis, was erinnert werden muss. Das hat Batya früh gelernt und daran wurde sie immer erinnert: „im Alltag, bei uns stehen ja tausend Holocaust-Bücher rum". Das ist für sie der Grund, dass sie Gewaltthemen nicht ertragen kann, sie hat kein „Schutzschild". Sie sieht sich als Kind schutzlos und ausgeliefert, ihr heutiges Ich hat Mitleid mit ihrem kindlichen Ich.

Mittlerweile hat sie gelernt, sich zu schützen, wesentlich durch die Vermeidung von für sie angstbesetzten Situationen. Sie liest keine Zeitung, schaut im Fernsehen keine Nachrichten und kaum Filme, denn sie hält die Welt für einen bedrohlichen Ort: „ich WEIß, dass die Welt schlecht ist". Sie hat gelernt, ihren eigenen Weg zu gehen, in der jüdischen Gemeinde fühlte sie sich fremd. „Dann haben die alle Bat Mitzwa gemacht, nur ich nicht, und von dem Moment hatte ich eher das Gefühl, ich bin raus", so beschreibt Batya ihr Gefühl in der jüdischen Gemeinde, als sie zeitweise zum Unterricht dort war. Später, in der Schwangerschaft mit ihrer Tochter, habe sie über eine Konversion nachgedacht, denn „dann wär mein Kind wenigstens vollständig jüdisch". Sie habe es nicht getan, weil sie nicht religiös sei und weil es schwierig und aufwändig sei.

Heute schildert sie sich im Alltag als pragmatisch und tüchtig. Sie funktioniert, versorgt ihre Kinder und ist geschäftlich erfolgreich. Ihre Schwäche, die Sensibilität, kann sie kontextabhängig auch als Stärke erkennen und nutzen. Doch aus der Kindheit und Jugend ist ihr geblieben, dass die Bedeutung, einen jüdischen Vater und eine nichtjüdische Mutter zu haben, von ihr immer noch als ihr „wunder Punkt" gesehen wird, dessen Berührung schmerzhaft ist. Sie fühlt sich jüdisch „eher jüdisch als nichtjüdisch. Ganz deutlich". Ihre Erklärung dazu ist: „[Ich] bin kein religiöser Mensch […,] aber das Schicksal verbindet". In der Gesellschaft von Jüdinnen und Juden jedoch fühlt sie sich fremd: „Nur unter Juden ist es dann halt irgendwie […] wie so ein Halbschwarzer in Afrika".

Caspar: Eine israelische Identität

Caspar weist seinem Vater große Bedeutung für sein eigenes Selbstverständnis zu, während das Fremdbild in seinen Augen mehr durch die nichtjüdische Mutter bestimmt wird. Die nationale Identität des Vaters ist dabei ausschlaggebend: „die Sache ist nicht unbedingt die, dass mein Vater unbedingt jüdisch ist, sondern mein Vater ist Israeli. Das ist ein großer Unterschied". Der Vater ist sehr wichtig für Caspar, er ist Vorbild und mit ihm trägt er Konflikte aus, im Vergleich zu ihm entwickelt er seine Vorstellungen. Dazu ist seine Narration: Ich suche mir nun selber den Weg, den ich nicht gezeigt bekommen habe. Er erzählt die Geschichte eines Jungen, der in christlich-deutscher Umgebung als einziger jüdisch-israelischer Junge aufgewachsen ist. Seine Eltern haben ihm die Freiheit der Entscheidung in der Wahl seiner religiösen Haltung überlassen.

Caspar weist explizit darauf hin, dass er eine von zwei Seiten jeweils unterschiedliche Herkunft hat: Seine Eltern unterscheiden sich nicht nur durch ihre Religion (jüdisch und atheistisch), sondern auch durch ihre Nationalität. Er fand es als Kind ungerecht, von den einen so und den anderen so gesehen zu werden, und dass er den Kompromiss (selbst) finden musste. Dabei wünscht er sich auch nachträglich noch, einen Rahmen gehabt zu haben, der im Halt gegeben hätte. Er schildert sein kindliches Ich als überfordert mit der Situation. Doch dann ist Caspar zum Studium ins Ausland gegangen und hat sich dort eigeninitiativ Kontakte zu jüdischen Studierendenkreisen geschaffen, wo er sich wohl fühlt. Er hat einen Weg gefunden, der sein Problem mit der nationalen Zugehörigkeit löst, da er sich dort einer internationalen Community zugehörig fühlt. Das Problem der religiösen Identität, dessen war er sich bewusst, seit er eine Beziehung zu einem jüdischen Mädchen hatte, wartet einstweilen noch ungelöst, bis es für ihn einen (dringlicheren) Anlass gibt, sich damit auseinanderzusetzen.

Deborah: Konversion, ja oder nein

Für Deborah dreht sich alles um die Frage „konvertieren oder nicht"? Sie ist wie auch ihr Halbbruder zur jüdischen Schule gegangen. Daher kennt sie die halachischen Gesetze und sie akzeptiert sie. Damit hadert sie nicht, sondern sagt ausdrücklich: „ich finde das auch sinnvoll, dass man nach der Mutter geht und nicht nach dem Vater", auch wenn sie selber dadurch aus der jüdischen Gemeinschaft ausgeschlossen ist. Sie lehnt für sich die Gegenüberstellung von jüdisch und nichtjüdisch ab und begründet das mit ihren eigenen Erfahrungen aus ihrer Schulzeit. Dort ging es nach ihrer Schilderung mehr um die Gegenüberstellung von russisch und deutsch. Sie hat um die Entscheidung für oder gegen ihre Konversion gerungen, als es darum ging, Bat Mitzwa haben zu können. Mit einer Kette von Argumenten – beginnend mit dem Vergleich zu dem Ritus im Katholizismus über ihr Gespräch in der Gemeinde mit dem zuständigen Rabbiner bis hin zur Streitsituation mit einem jüdischen Religionslehrer – kommt sie zu dem Schluss, nicht überzutreten: „Und dann sagte ich mir, dass ich das so nicht will, und dass ich so lebe und das Judentum für mich so interpretiere, wie ich es halt jetzt auch weiterhin mache". Diese Diskussion hat sie ausgiebig mit ihrem Vater geführt, der selber ein konvertierter Jude ist, und die Familie „durch sein Jüdischsein maßgeblich beeinflusst" habe. Über ihre Lösung sagt sie, dass sie sich ihr „eigenes Judentum zusammengebastelt" habe. Das wertet sie nicht als Verlust, sondern als Gewinn. Mit der Entscheidung, nicht zu konvertieren, folgt sie nicht dem Vater, sondern der Entscheidung ihrer Mutter. Sie schildert diese als eine offene und sehr reflektierte Frau, die als Atheistin bewusst nicht zum Judentum konvertiert sei, allerdings die Einhaltung der jüdischen Regeln in der Familie immer unterstützt habe und auch mit in die Synagoge gegangen sei.

Fabian: Gemischte Herkunft? Ich nicht!

Bis er erwachsen war und selber Kinder bekam, sei er davon ausgegangen, dass sowohl sein Vater als auch seine Mutter jüdisch seien, erzählt Fabian. Er wurde zum jüdischen Kindergarten und zur jüdischen Schule geschickt, besuchte aber zwischenzeitlich auch nichtjüdische Schulen. Einen möglichen Widerspruch wie den, dass die Familie seiner Mutter nichtjüdisch war, habe er nicht als solchen verstanden. Seine nachträgliche Beschneidung vor seiner Bar Mitzwa und die zugehörige Zeremonie in der Mikwe (jüdisches Tauchbad, das der rituellen Reinigung dient), das alles seien für ihn Hinweise gewesen, dass er jüdisch sei. Erst vor kurzem habe sich dieser Irrtum für ihn aufgeklärt, als im Rahmen von Familiengesprächen deutlich wurde, dass die Mutter nichtjüdisch ist, da sie nicht konvertiert ist. Seine Herkunft war in seiner Wahrnehmung nicht gemischt, sondern eindeutig jüdisch. Fabian sieht sich nicht als religiös, er habe keine Beziehung zur jüdischen Gemeinde aufgebaut, sondern sich von ihr eher distanziert. Seinen Kindern möchte er die Entscheidung zum Thema Religion selbst überlassen. Anders als sein Vater will er das jüdische Erbe nicht weitergeben.

Fred: Sagt man es oder sagt man es nicht?
Fred zeigt an einem Beispiel aus seiner Grundschulzeit, dass es für ihn bedeutend ist zu entscheiden, ob er anderen sagt, dass er jüdisch ist oder ob er es nicht sagt. Diese für ihn wichtige Frage bestimmt viele Situationen seines Lebens, angefangen in der Schule über Studium und Freund_innen bis hin zu seiner Hochzeit. Er hebt hervor, dass er im Gegensatz zu seinem Bruder Fabian auf einer staatlichen Schule war. Er nimmt an, dass diese Frage an einer jüdischen Schule für ihn weniger Bedeutung gehabt hätte. Aus seiner heutigen Position heraus sieht er sich als Grundschüler unbedacht und unwissend, nicht bedenkend, dass es negative Auswirkungen haben könne, sich als jüdisch zu zeigen. Die Gewalterfahrung, die er als Jugendlicher bei einem Überfall gemacht hat, deutet er antisemitisch und sieht sich dadurch in seiner vorsichtigen Haltung bestärkt. Seither ist er nur noch Freund_innen gegenüber offen, ein Goldkettchen mit Davidstern, wie es sein Vater trägt, würde er nicht anziehen. Er betrachtet sich klar als jüdisch, obwohl er um die halachischen Gesetze weiß. Er ist in einer liberalen Gemeinde aufgewachsen und hatte dort Bar Mitzwa. Auch heute noch geht er von Zeit zu Zeit mit seinem Vater zur Synagoge. Er möchte das jüdische Erbe später an seine Kinder weitergeben. Wie die religiöse Erziehung der eigenen Kinder zu gestalten sein wird, ist für ihn ein wichtiges Thema, das er bereits jetzt, bevor die Kinder geplant sind, mit seiner Frau bespricht.

2. Gemeinsamkeiten bei aller Vielfalt

Fremdheitsgefühle
Interessant ist für eine fallvergleichende Interpretation die Betrachtung von Fremdheitsgefühlen, von Gefühlen des ‚Andersseins', die in den meisten Interviews berichtet werden. Wie schlägt sich das in der narrativen Identität der Befragten in den Interviews nieder und was kann daraus geschlossen werden? Von Fremdheitsgefühlen wird sowohl gegenüber der nichtjüdischen als auch gegenüber der jüdischen Umgebung in den Interviews berichtet.
Über Fremdheitsgefühle gegenüber der nichtjüdischen Majorität berichten Amelie, Aviva, Batya, Caspar, Deborah und Fred. Diese Erfahrungen werden als Folge der wahrgenommenen Fremdeinschätzung gedeutet, für die anderen sei man (immer) jüdisch

gewesen. Sie werden hauptsächlich aus der Schulzeit beschrieben, außer von Deborah, die zur jüdischen Schule ging und diese Erfahrungen erst aus ihrem späteren Berufsleben schildert. Eine Bewertung der Fremdheitsgefühle wird von den meisten nicht vorgenommen, sie schildern sie eher als Faktum. Wird die Fremdeinschätzung jedoch antisemitisch interpretiert, wenn beispielsweise von stereotypen Einstellungen bei Lehrer_innen[8] erzählt wird, dann wird diese bewertet: Es wird Verletzung und Empörung ausgedrückt.
Über Fremdheitsgefühle gegenüber der jüdischen Gemeinschaft berichten Aviva, Amelie, Batya, Caspar, Deborah und Fred. Zum Teil entstanden diese im Kontakt mit jüdischen Jugendlichen wie bei Amelie, Batya, Deborah und Fred, zum Teil in der Interaktion mit den jüdischen Gemeinden bzw. ihren Vertreter_innen, wie es Amelie, Aviva und Batya erzählen und die sie als ablehnend erlebten. Die meisten beschreiben ihr damaliges Ich aus der Perspektive des erzählenden Ichs voller Mitleid, bei allen wird die so erlebte Kränkung deutlich. Ihr Bedürfnis nach Anerkennung wurde damals nicht befriedigt. Batya zeigt aktuell in der Gesprächssituation noch starke Emotionen, während die anderen sich distanzierter präsentieren und zeigen, dass sie für sich eine Lösung gefunden haben. Caspar ist derjenige, für den das Gefühl von Abgrenzung durch jüdische Menschen noch recht neu ist, er hat erst vor kurzem in einer Beziehung die Ablehnung durch die Familie seiner Freundin erfahren und ist noch auf der Suche nach einem Umgang damit. Diese doppelte Ausgrenzung, die in der Regel mit Wertungen, häufig mit Abwertungen verbunden ist, beschreibt auch Elisabeth Beck-Gernsheim:

> Die meisten der Kinder, die aus sogenannten Mischehen stammen, haben einen doppelt problematischen Status. Während sie den Juden als Nichtjuden gelten, sehen umgekehrt die Nichtjuden sie vorwiegend als Juden.[9]

Dass Fabian nicht über Fremdheitsgefühle berichtet, kann an der besonderen Familienkonstellation liegen: Fabian hat bis ins Erwachsenenalter seine Eltern und sich als jüdisch wahrgenommen, er hatte damit andere Voraussetzungen. Für ihn gab es keine Zweifel, keine

8 Lehrer sind teilweise in der Funktion als Lehrer der Interviewten zu ihrer Schulzeit und in der Funktion als Kollegen während der Berufstätigkeit an Schulen.

9 Elisabeth Beck-Gernsheim: *Juden, Deutsch und andere Erinnerungslandschaften. Im Dschungel der ethnischen Kategorien.* Frankfurt am Main: Suhrkamp 1999, S. 150.

Zerrissenheit, vielmehr war für ihn eine Abgrenzung von seinem angenommenen Jüdischsein möglich.

Zugehörigkeit

Aviva sagt von sich, sie sei verwurzelt in Deutschland, aber es gebe mit Israel eine Alternative, die sie als Bereicherung empfinde. Amelie antwortet hingegen, sie fühle sich zugehörig zum Judentum auf Grund religiöser Gegenstände und Rituale wie beispielsweise Feiertagen, wenn sie ihr vertraut seien. Aber sie brauche das Zugehörigkeitsgefühl zur jüdischen Gemeinde nicht. Batya wiederum fühlt sich eigentlich als Jüdin, einschränkend fügt sie hinzu, dass es nur unter Jüdinnen und Juden anders sei. Caspar ist die nationale Komponente wichtig, so beschreibt er sich nach seinem Selbstempfinden zuerst als Israeli, dann als Österreicher, wobei er ergänzt, am wohlsten fühle er sich in „wilden Mischungen" von Menschen. Deborah schließlich sagt von sich, sie sei lokal in ihrer Stadt verortet mit jüdischem Hintergrund. Fabian hat grundsätzlich Schwierigkeiten mit Zugehörigkeiten zu Gruppen, am ehesten fühlt er sich einem Hobbyverein zugehörig. Religiosität lehnt er ab. Fred nennt auch viel Skepsis gegen Gruppen, weil er Gruppendenken ablehnt, doch er fühlt sich für sich selbst schon jüdisch.

Damit wird die breite Palette von Möglichkeiten gezeigt: Man kann sich klar jüdisch fühlen ohne Ambivalenzen, man kann sich aber auch nichtjüdisch fühlen, ohne damit zu hadern. Wenn man dies als zwei Gegenpole betrachtet, sind viele Abstufungen dazwischen möglich. Alle denkbaren Lösungen sind geprägt von den subjektiven Einstellungen und Erfahrungen der Einzelnen, die trotz vieler Gemeinsamkeiten doch auch sehr unterschiedlich sind.

Die Großeltern

In fast allen Gesprächen nahmen die Großeltern einen bedeutenden Raum ein. So erzählen Amelie und Aviva an mehreren Stellen der Interviews von ihren jüdischen Großeltern, dabei geht es zum einen um verschiedene persönliche Erfahrungen, zum anderen thematisieren sie auch die Verfolgungsvergangenheit der Großeltern. Beide heben hervor, dass der Großvater nicht über seine Geschichte gesprochen habe. Amelie hat versucht, diese Leerstelle aktiv zu füllen. Die deutschen Großeltern werden sowohl von Amelie als auch von

Aviva erwähnt, allerdings weniger häufig und detailliert, es wird eher berichtet. Wichtig sind beiden jedoch Gedanken zur möglichen Nazi-Täterschaft ihrer deutschen Vorfahren. Batya dagegen erzählt kaum von den jüdischen Großeltern aus ihrem eigenen Erleben und erwähnt nur kurz gelegentliche Synagogenbesuche. Doch sie spricht mehrfach von den Großeltern als den Verfolgten. Sie erzählt aber nicht deren konkrete Geschichte, sondern sieht sie eher als Zeichen für den für sie unfassbaren Genozid. Die Großeltern mütterlicherseits kommen bei ihr nicht vor. Caspar wiederum spricht einmal kurz von seiner Großmutter mütterlicherseits, da gibt es schöne Erlebnisse, die er erinnert. Den Großvater kennt er gar nicht, und auch die israelischen Großeltern werden nicht erwähnt. Deborah geht kurz darauf ein, dass der jüdische Großvater nicht der leibliche Vater ihres Vaters ist. Sonst erzählt sie ausführlich, insbesondere über ihre Zuneigung zu dem jüdischen Großvater und ihre Distanz zu den mütterlichen Großeltern. Außerdem erwähnt sie ihre Gedanken zu der möglichen Täterschaft des leiblichen Großvaters. Bei den Geschwistern Fabian und Fred wird mehrfach im Lauf der Interviews von den jüdischen Großeltern erzählt. Für beide sind die religiösen Rituale mit den Großeltern deutlich in Erinnerung. Fred ist es auch wichtig zu sagen, dass hinsichtlich des Feierns der religiösen Festtage in seinen Augen eine Übergabe von den Großeltern an die Eltern stattgefunden hat. Die Verfolgungsgeschichte der Großeltern wird nur sehr kurz auf Nachfragen erwähnt. Die Großeltern mütterlicherseits tauchen im Interview mit Fred kaum auf bis auf die Aussage, dass sie nicht religiös seien. Fabian dagegen erzählt mehr und detaillierter von ihnen.

Die Bedeutung der Großeltern hängt einerseits offensichtlich von der regionalen Nähe ab und damit der Präsenz im Alltag. So kann es sein, dass insbesondere das Erleben von jüdischen Ritualen stark mit den Großeltern in Verbindung gebracht wird. Andererseits spielt auch die Geschichte der Großeltern im Holocaust eine Rolle. Wenn es eine Verfolgungsgeschichte der Großeltern gibt, bestimmt diese stark die Auseinandersetzung mit der eigenen Identität. Gemeinsam ist den Aussagen, dass man wenig von den Großeltern über deren Geschichte erfahren hat. Über die mütterlichen Großeltern wird weniger gesprochen, möglicherweise ist das ein Artefakt der Fragestellung.

3. Psychologische Deutung

Suche nach Identität in der Adoleszenz

> In der Tat gibt es in dem gesellschaftlichen Dschungel menschlicher Existenz kein Lebensgefühl ohne dieses Gefühl der Ich-Identität. Wenn man das versteht, versteht man auch die Kämpfe der heranwachsenden Jugend besser, besonders die Mühen all jener, die nicht einfach ‚nette' Jungen und Mädchen sein können, sondern die verzweifelt nach einem sie befriedigenden Gefühl der Zugehörigkeit suchen.[10]

Fast alle Interviewten berichten von ihrer Suche nach Zugehörigkeit und Identität aus der Phase der Adoleszenz. Für sie ist es häufig schwierig, ein befriedigendes Gefühl der Ich-Identität aufzubauen, ein Gefühl, das Erikson beschreibt als das „Vertrauen darauf, daß der Einheitlichkeit und Kontinuität, die man in den Augen anderer hat, eine Fähigkeit entspricht, eine innere Einheitlichkeit und Kontinuität […] aufrechtzuerhalten"[11]. Wenn beispielsweise Batya sagt, „Dann haben die alle Bat Mitzwa gemacht, nur ich nicht, und von dem Moment hatte ich eher das Gefühl, ich bin raus.", oder wenn Amelie aus ihrer Jugendzeit berichtet, dass sie in einer jüdischen Gemeinde zum Unterricht und im Jugendzentrum war, aber keine Zugehörigkeitsgefühle entwickeln konnte, sondern sich im Gegenteil oft ausgegrenzt fühlte, dann wird deutlich, dass beide bei ihrer Suche nach Zugehörigkeit enttäuscht wurden. Das wiegt besonders schwer, wenn es sich bei der Gruppe, bei der die Zugehörigkeit gesucht wird, um die bevorzugte Gruppe handelt. Erikson betont: „der junge Mensch muss lernen, dort am meisten er selbst zu sein, wo er auch in den Augen der andern am meisten bedeutet – jener anderen natürlich, die wieder für ihn die höchste Bedeutung erlangt haben."[12] Diese Enttäuschung kann nicht immer verwunden werden, sie kann zu andauernden Unsicherheiten beitragen, wie es zum Ausdruck kommt, wenn Batya beispielweise sagt: „ich empfinde es leider eher oft als wunden Punkt […,] es wäre leichter, wenn ich komplett jüdisch wäre."

10 Erik Erikson: *Identität und Lebenszyklus. Drei Aufsätze.* Frankfurt am Main: Suhrkamp 1997, S. 108.

11 Ebd., S. 107.

12 Ebd., S. 124.

Patchwork Identitäten

Trotz der besonderen Bedeutung, die die Adoleszenz für die Identitätsentwicklung hat, handelt es sich um eine lebenslange Entwicklung, auch wenn es in anderen Lebensphasen weniger offensichtlich sein mag.[13] Heiner Keupp geht mit seinem „Patchwork-Modell"[14] darüber hinaus, er untersucht und beschreibt die prozesshafte Konstruktion von Identität: „ein evaluativer Prozeß, innerhalb dessen die Person ihre Erfahrungen integriert, interpretiert und bewertet."[15] Dabei wird die Konstruktion von Identität als ein Zusammenfügen verschiedener Teilidentitäten angenommen, die wiederum „über die Reflexion situationaler Selbsterfahrungen und deren Integration entstehen"[16]. Diese Teilidentitäten können sich sowohl substantiell verändern als auch auflösen oder es können neue hinzukommen. Dieses Modell der Teilidentitäten ist hilfreich bei der Betrachtung der Interviews.

So haben beispielsweise einige Personen im beruflichen Lebensbereich zu einem für sie zufriedenstellenden Selbstbild gefunden, während sie im kulturellen Bereich noch auf der Suche sind. Im religiösen Bereich dagegen haben die meisten ein für sie selbst unzureichendes Selbstbild, doch auch hier gibt es Personen, die hier eine für sie zufriedenstellende Identität haben. Selbst innerhalb von Teilidentitäten kann es nach Keupp zu Ambivalenzen kommen, was einen Teil der Befunde erklären kann. Amelie erzählte beispielsweise im Zusammenhang mit dem Unterricht in der jüdischen Gemeinde, ihr Gefühl vor den Unterrichtsnachmittagen sei immer eher ängstlich und aufgeregt gewesen, sie habe sich „nie so richtig wohl gefühlt", während es ihr hinterher immer sehr gut ging, es sei so „ein bisschen ambivalent" gewesen. Keupp nimmt bei seinem Patchwork-Modell der Identitäten ein Identitätsgefühl an als grundlegenden Bestandteil der Identität, das „der Person nicht direkt über konkrete Inhalte als vielmehr als Grundgefühl [...] präsent"[17] sei. Als Ausdruck eines solchen Identitätsgefühls kann man Passagen einiger Interview interpretieren, wenn im Zusammenhang mit der eigenen Identität etwa von „sich

13 Vgl. ebd., S. 140–141.

14 Siehe hierzu Heiner Keupp: *Identitätskonstruktionen. Das Patchwork der Identitäten in der Spätmoderne.* Reinbek: Rowohlt 1999.

15 Ebd., S. 216.

16 Ebd., S. 217.

17 Ebd., S. 228.

komplett“ oder „sich unsicher“ fühlen gesprochen wird. Doch im Mittelpunkt der Identitätsarbeit steht nach Keupp das Streben nach Anerkennung: Werde diese verwehrt, wie im Beispiel der Studie bei der Verweigerung der Aufnahme in die jüdische Gemeinde, könne ein zentrales Identitätsziel nicht erreicht werden.

Stigma

Insbesondere in zwei Fällen ist es interessant, Identität aus der Perspektive von Interaktion und Stigma in Anlehnung an Erving Goffman[18] zu betrachten, der soziale Interaktion zwischen Menschen mit einem Stigma und Nicht-Stigmatisierten untersucht. Was bei den meisten Interviewten nur am Rande auftaucht, hat bei Aviva und Fred eine hervorgehobene Bedeutung: die Interaktion mit anderen, die um ihr Jüdischsein wissen oder auch nur wissen könnten und die sich daraufhin unsicher oder feindselig verhalten könnten. Fred ist vorsichtig in Folge von Gewalterfahrung,[19] in Avivas Fall ist es eher ein sensibles Registrieren von möglicher Fremdenfeindlichkeit oder Antisemitismus. Für beide stellt es ein Problem dar und die Auseinandersetzung damit zieht sich als Thema durch ihr bisheriges Leben und bestimmt auch ihr Selbstverständnis. Wenn man Jüdischsein als Stigma betrachtet, dann handelt es sich bei den Strategien, die von Aviva und Fred entwickelt werden, um Techniken der Informationskontrolle.[20] So wird beispielsweise versucht, die Information über das eigene Jüdischsein zurückzuhalten, bis ein günstiger Zeitpunkt für die Offenlegung gekommen ist. Wenn es auch nicht als so belastend erlebt wird, so gibt es auch bei den anderen Interviewten Situationen und Verhaltensweisen, die sich mit dem Konzept erklären lassen – wie etwa das Tragen von Davidsternen als Stigma-Symbol –, womit indirekt Informationen über das eigenen Jüdischsein gegeben werden oder auch verborgen werden können.

18 Erving Goffman: *Stigma. Über Techniken der Bewältigung beschädigter Identität.* Frankfurt am Main: Suhrkamp 1967.

19 Fred ist in einem seiner letzten Schuljahre an seiner Schule überfallen worden und er nimmt antisemitische Aggressionen als Grund dafür an.

20 Goffman: *Stigma*, S. 120.

Kultur, Nation, Holocaust, Religion als Zugänge zur jüdischen Herkunft
Die möglichen Zugänge zur jüdischen Herkunft, die in den Interviews sichtbar werden, lassen sich mit den Facetten jüdischer Identität beschreiben: Kultur, Nation, Holocaust, Religion. Die Kinder israelischer Väter haben einen Zugang zum Judentum über die israelische Nationalität und den kulturellen Aspekt. Die Kinder des konvertierten Vaters haben einen wesentlichen Zugang über den kulturellen Aspekt. Den Zugang über den religiösen Aspekt hat nur ein Gesprächspartner, der als Jugendlicher in eine liberale jüdische Gemeinde aufgenommen wurde. Den Zugang zum Judentum über den Holocaust (und die Verfolgungserfahrung der Familie) findet man in drei Fällen. Alle drei haben Überlebende des Holocaust unter den Großeltern. In zwei Fällen war der Großvater ein Überlebender, von dem niemand weiß, wo er überlebt hat, während die Großmutter zu den Zwangsemigrant_innen gehörte. In diesen beiden Fällen finden sich darüber hinaus noch ein kultureller und ein nationaler Zugang zum Judentum. In dem dritten Fall waren beide Großeltern Überlebende aus Konzentrationslagern und es wird ausschließlich der Zugang zum Judentum über den Holocaust beschrieben.

Fazit

Die Ergebnisse zeigen insgesamt, dass die Familien und ihre Geschichten sehr heterogen und stark bestimmt sind durch das regionale Umfeld und die historischen Gegebenheiten, in denen die Familien leben und gelebt haben. Auch wenn in die Studie nur Menschen einbezogen wurden, die in Deutschland aufgewachsen sind, so reicht das Spektrum bezüglich der Herkunft der Eltern doch von der BRD und der DDR bis zu Israel. Die Hintergründe der Großeltern dagegen sind sowohl Holocaust-Überlebende aus Konzentrationslagern oder Flüchtlinge als auch früh nach Palästina Ausgewanderte. Die Bildungserfahrungen der Interviewten sind teilweise in staatlichen deutschen Schulen gemacht, teilweise in jüdischen Schulen. Die Religiosität der Väter ist sehr unterschiedlich ausgeprägt, von wenig religiös über liberal jüdisch bis hin zu religiösen Juden. Ebenso sind die religiösen Überzeugungen der Mütter sehr verschieden, von tolerant und atheistisch bis hin zu stark unterstützend gegenüber der jüdischen Ausübung von Ritualen. Viele der Interviewten fühlen sich zumindest zeitweise *zwischen den Stühlen*: fremd unter Deutschen, fremd unter Jüdinnen und Juden. Doch fast alle fühlen sich *irgendwie* jüdisch. Für alle standen kritische Lebensereignisse am Beginn von Phasen der verstärkten Identitätssuche, und sie sind unterschiedlich weit in ihren ‚Identitätsprojekten' vorangeschritten. Die individuellen Strategien sind so vielfältig wie die Bedingungen und Hintergründe der Befragten. Gemeinsam ist ihnen aber allen die intensive und andauernde Auseinandersetzung mit ihrem vaterjüdischen Familienhintergrund.

Jüdisch-christliche ‚Mischehen' in Deutschland nach 1945

Birgitta Scherhans

Obwohl von den religiösen Instanzen nicht vorgesehen, sind ‚Mischehen' zwischen Juden und Christen in Deutschland verbreitete Realität: Schätzungen zufolge wählen zwischen 50 % und zwei Drittel der Juden in Deutschland einen nichtjüdischen Lebenspartner.[1] Die schwierige Datenlage spiegelt die historisch belasteten Beziehungen zwischen Juden und Nichtjuden in Deutschland ebenso wie die religiöse Problematik hinsichtlich Exogamie und findet dennoch, oder gerade deshalb, gesellschaftlich und auch in der Forschung bisher nur wenig Beachtung. Von Seiten der religiösen Instanzen werden gemischte Ehen überwiegend mit Unbehagen wahrgenommen. Diese Ausgangslage gab den Anstoß zu einer Interviewstudie zu Partnerschaften zwischen Juden und Christen in Deutschland, die nach 1945 geschlossen wurden. Der Fokus liegt darin auf gemischten Partnerschaften im Sinne einer religiös-kulturellen Exogamie,

1 Statistisch erhobene Zahlen liegen für die Gegenwart in Deutschland nicht vor. Den geschätzten Zahlen liegen Hochrechnungen aus Einzelerhebungen und Vergleiche mit anderen Ländern zugrunde. Zudem kann man auf die *Statistischen Jahrbücher der Bundesrepublik Deutschland* aus früheren Jahrgängen zugreifen und daraus Rückschlüsse ziehen. So lag der Anteil an ‚Mischehen' in den Jahren 1955–1959 zwischen 62,9 und 81,7 % (*Statistisches Jahrbuch für die Bundesrepublik Deutschland*, 1955–1960, zit. n. Donate Strathmann: *Auswandern oder Hierbleiben? Jüdisches Leben in Düsseldorf und Nordrhein 1945–1960*. Essen: Klartext 2003, S. 201). Für die Jahre 1973–1981 kann man von etwa zwei Dritteln der deutschen Juden ausgehen, die Nichtjuden ehelichten (*Jüdischer Pressedienst* 5/6 (1983), S. 22–30, zit. n. Pnina Navé Levinson: Religiöse Richtungen und Entwicklungen in den Gemeinden. In: Micha Brumlik / Doron Kiesel / Cilly Kugelmann / Julius H. Schoeps (Hrsg.): *Jüdisches Leben in Deutschland seit 1945*. Frankfurt am Main: Athenäum 1988, S. 140–171, hier S. 159–167).

die ethnische Komponente jüdischer Identität wird dagegen nur am Rande berücksichtigt.[2] Gegenstand der Studie ist die Aushandlung kultureller und religiöser Prägungen und Wertvorstellungen in jüdisch-christlichen ‚Mischehen' beziehungsweise Partnerschaften, soll also von der Makroebene jüdisch-christlicher Beziehungen in Deutschland im Sinne von Gruppenbegegnungen hin zur Mikroebene alltagsweltlicher familiärer Prozesse führen.

Geschichte der jüdisch-christlichen ‚Mischehe' in Deutschland

Ehen zwischen Juden und Christen haben in Deutschland keine lange Geschichte. Bis zur Einführung der Zivilehe waren Verbindungen zwischen Angehörigen verschiedener Religionen verboten. Das Recht, Ehen zu schließen, oblag bis weit ins 19. Jahrhundert hinein allein den Religionsgemeinschaften. Die Säkularisierung des Eherechts vor dem Hintergrund der Herausbildung einer bürgerlichen Gesellschaftsordnung verlief zögerlich. Erst mit dem sogenannten *Gesetz über die Beurkundung des Personenstandes und die Eheschließung* von 1875 war es interreligiösen Paaren im gesamten Deutschen Reich möglich, legal eine Ehe einzugehen. Von diesem Zeitpunkt an stieg die Zahl jüdisch-christlicher Ehen kontinuierlich an, besonders stark seit den 1920er Jahren, bevor diese Entwicklung 1933 mit der Machtübernahme der Nationalsozialisten und endgültig mit den Nürnberger Rassegesetzen von 1935, die dem Begriff ‚Mischehe' eine ausschließlich rassische Definition zugrunde legten, ein jähes Ende fand. Zuvor bereits geschlossenen Ehen zwischen Juden und Nichtjuden wurden allerdings nicht für ungültig erklärt.[3]

Es waren in erster Linie diese ‚Mischehen', die den wenigen Juden, die während des Nationalsozialismus in Deutschland verblieben, das Überleben ermöglichten. Insofern waren an der Neugründung der jüdischen Gemeinden nach Kriegsende auch viele nichtjüdisch verheiratete Juden in tragender Rolle beteiligt. Ein erheblicher Teil von

2 Im Folgenden wird in der Regel der Begriff ‚Mischehe' verwendet, der zwar, vor allem durch rassenideologischen Missbrauch, nach heutigem Empfinden eher negativ konnotiert ist, allerdings auch in der Forschung weiter gebräuchlich ist.

3 Eine umfassende Darstellung der Geschichte der jüdisch-christlichen ‚Mischehe' auf deutschem Gebiet findet sich bei Kerstin Meiring: *Die christlich-jüdische Mischehe in Deutschland 1840–1933.* Hamburg: Dölling & Galitz 1998.

ihnen fühlte sich dem Judentum allerdings bereits entfremdet, nicht wenige Personen waren sogar getauft.
Die Verfolgung und das eigene Überleben führten bei vielen von ihnen dazu, das Judentum wiederzuentdecken, anzunehmen und auch zu pflegen. Die Zahl gemischter Ehen blieb gleichwohl nach 1945 weiterhin hoch, was seit den 1950er Jahren immer wieder zu Kontroversen innerhalb der jüdischen Gemeinschaft geführt hat. Eine breitere Akzeptanz dieser Lebensmodelle ist daraus jedoch nicht erwachsen. Vielmehr gab es z.B. immer wieder Versuche, in Mischehe lebenden Juden den Zugang zu leitenden Ämtern in den Gemeinden zu verschließen.[4] Persönliche Erlebnisse, die in der vorliegenden Interviewstudie von den Teilnehmern geschildert wurden, lassen den Eindruck entstehen, dass dies in mancher Gemeinde bis heute so gehandhabt wird. Berücksichtigt man darüber hinaus auch offizielle Stellungnahmen jüdischer Institutionen und journalistische Beiträge[5] der zurückliegenden Jahre ergibt sich der Eindruck, dass die Beschäftigung mit jüdisch-christlichen Mischehen in einen Bereich vordringe, der mit vielen Vorbehalten und Ängsten besetzt ist. Nach wie vor wird befürchtet, dass die interreligiöse Ehe die jüdische Gemeinschaft in Deutschland schwächen und jüdische Identität destabilisieren könnte. Tief scheint die Furcht vor der assimilativen Dynamik zu sein, die vermeintlich von interreligiösen Ehen ausgeht. So bleibt die normative Vorstellung jüdischer Lebensführung

4 So leitete etwa 1984 das Direktorium des Zentralrats der Juden in Deutschland einen Beschluss an die Gemeinden weiter, der den Mitgliedsverbänden ausdrücklich empfahl, „Vertreter ins Direktorium zu entsenden, bei denen, sofern sie verheiratet sind, beide Ehepartner der jüdischen Religionsgemeinschaft angehören" (Protokoll über die Sitzung des Zentralrats am 21.10.1984 in Frankfurt am Main. Zentralarchiv zur Erforschung der Juden in Deutschland, Heidelberg, ZA B. 1/7, 836, S. 3). Einen Überblick über die ‚Mischehenpolitik' der jüdischen Gemeinden in Deutschland nach 1945 und deren Neugründungen findet man bei Anthony D. Kauders: *Unmögliche Heimat. Eine deutsch-jüdische Geschichte der Bundesrepublik*. München: DVA 2007, S. 191–196.

5 Z.B. Holger Biermann: Drum prüfe, wer sich ewig bindet. Warum jüdisch heiraten? Ein Vortrag und Stimmen aus der jüdischen Gemeinde. In: *Jüdische Allgemeine*, 11.01.2007, S. 11; Rabbiner Walther Rothschild / Rabbiner Joel Berger: Dürfen mit Nichtjuden verheiratete Juden Gemeindeämter bekleiden? In: *Jüdische Allgemeine*, 03.03.2005, S. 11; Single-Sein Adé: „Speed-Dating" oder Heiratsvermittlung auf die Schnelle setzt sich durch. In: *Zukunft. Informationsblatt des Zentralrats der Juden in Deutschland – in Deutsch und Russisch* 4,5 (2004). http://www.zentralratdjuden.de/de/article/105.single-sein-ad%C3%A9.html?sstr=single|sein (Zugriff am 26.11.2013).

und Identität weiterhin mit dem Idealbild einer traditionell jüdischen Familie verknüpft. Mit jüdisch-christlichen Lebensgemeinschaften hingegen wird vornehmlich der Verdacht assoziiert, sie könnten den jüdischen Partner seiner eigenen Identität entfremden, die Bildung jüdischer Familientraditionen behindern und so die jüdische Gemeinschaft als Ganzes schwächen.[6]
Auch die Einwanderung von mehr als 180.000 jüdischen ‚Kontingentsflüchtlingen' aus den Ländern der ehemaligen Sowjetunion seit den 1990er Jahren, von denen wiederum viele nichtjüdisch verheiratet waren und sind, änderte daran kaum etwas.

Ziel und Methodik der Untersuchung

Ziel der Untersuchung ist es unter anderem, mit Hilfe von Paar-Interviews die Aushandlungsprozesse zu thematisieren, die in jüdisch-christlich gemischten Partnerschaften für religiöse, kulturelle und traditionsgebundene Wertvorstellungen von Bedeutung sind. Diese Aushandlungsprozesse orientieren sich vor allem an folgenden Bezügen: an der Auseinandersetzung mit der Elterngeneration einerseits und der Vermittlung von Identifikationsangeboten an Kinder und dem entsprechenden Umgang mit dem jeweils ‚Anderen' andererseits. Den Identifikationsangeboten an Kinder geht in der Regel ein Entscheidungsprozess der Eltern voraus, in dem Eigenes und Fremdes, Essentielles und Mindergewichtiges ausgehandelt und eigene familiäre Praxis beziehungsweise Alltagsroutinen aufgebaut werden. Daneben sind auch der jeweilige Umgang mit der spezifisch deutschen Geschichte von besonderem Interesse und die Frage, inwieweit dieser direkt oder indirekt in diese Partnerschaften hineinwirkt. Wie werden historisch bedingte Vorbehalte und Ängste bearbeitet?
Eine Untersuchung auf der Grundlage narrativer Interviews bot für diese Fragestellungen die beste Voraussetzung.[7]

6 Ein Beispiel aus jüngster Zeit, Rabbiner Arie Folger: Gemischtes Doppel. Plädoyer. In den USA steigt die Zahl interreligiöser Ehen. Dagegen hilft, hier wie dort: Identität durch Bildung. In: *Jüdische Allgemeine*, 17.10.2013, S. 1: „Wir müssen unseren Kindern und Jugendlichen Gründe an die Hand geben, jüdisch sein zu wollen, damit sie selber wünschen, jüdisch zu heiraten, und nicht einmal bereit sein werden, interreligiös zu daten."

7 Qualitative Forschung, die im Gegensatz zu quantitativer Methodik nicht auf Repräsentativität abzielt und theoretische Vorfestlegung weitestgehend vermeidet, folgt hier den Prinzipien der Reflexivität von Gegenstand und Analyse, der

Die an der Untersuchung teilnehmenden Paare wurden nach folgenden Kriterien ausgewählt: Die Partner sollten jeweils in eine jüdische und in eine christliche Familie hineingeboren sein und keine andere Religion angenommen haben. Auf diese Weise bleibt die der Untersuchung zugrunde liegende Definition von Mischehe als religiös-kultureller Exogamie erfüllt.

Zumindest einer der beiden Partner sollte in Deutschland geboren sein, die Partnerschaft nach 1945 geschlossen. Es wurden sowohl Ehepaare als auch unverheiratete Lebensgemeinschaften in die Befragung mit aufgenommen, ein gleichgeschlechtliches Paar ist ebenfalls vertreten. Paare aus drei Generationen[8] haben an der Befragung teilgenommen, also Kriegs- und Holocaust-Überlebende, deren Kinder und Enkel. Nicht alle befragten jüdischen Personen wurden in Deutschland geboren. Teilweise sind sie aus Israel, Südamerika oder den GUS-Staaten eingewandert. Zwei Frauen sind mittlerweile geschieden, eine verwitwet. Der überwiegende Teil der Befragten hat Kinder, teilweise auch schon Enkel. Knapp die Hälfte der Personen bezeichnet sich selbst als eher säkular denkend, die anderen als gläubig.

Vor dem Hintergrund des eingangs erwähnten Eindrucks der Tabuisierung erbrachte die Interview-Auswertung überraschende Ergebnisse. Im Folgenden soll ein Ausschnitt daraus wiedergegeben werden. Er betrifft die Erfahrungen mit der Elterngeneration sowie die erfolgten Weichenstellungen für Kinder und die damit verbundenen familiär gepflegten religiös verwurzelten Rituale.

Flexibilität, der Explikation und Prozesshaftigkeit. Auf diese Weise wird ein tiefgehender Einblick in den Untersuchungsgegenstand ermöglicht, der in die Generierung von Thesen statt in die Überprüfung bereits formulierter Annahmen mündet. Ausführlich dazu Siegfried Lamnek: *Qualitative Sozialforschung*. Bd. 2: Methoden und Techniken. 3., korr. Aufl. Weinheim: Beltz 1995, S. 60–74.

8 Dieser Einteilung liegt ein Generationsbegriff zugrunde, der eher qualitativ als quantitativ orientiert ist, insofern als gemeinsame Erfahrungen und Lebenssituationen generationsformend verstanden werden. Zu den drei Generationen deutscher Juden nach dem 2. Weltkrieg siehe auch Stephanie Tauchert: *Jüdische Identitäten in Deutschland. Das Selbstverständnis von Juden in der Bundesrepublik und der DDR 1950 bis 2000*. Berlin: Metropol 2007, S. 15–16.

Erfahrungen mit den Eltern

Lernen Eltern den Partner ihres Kindes kennen, der künftig zur Familie gehören soll, dann wird auf allen Seiten ausgelotet, wie gut die jeweiligen Familieneigenheiten zusammen passen und wo Differenzen das Zusammenwachsen behindern könnten. Dieser Prozess ist generell bei interreligiösen Paaren – selbst in weitgehend säkularisierten Kontexten – hoch emotional besetzt. Bei jüdisch-christlichen Paaren in Deutschland spielen zusätzliche, spezifische Aspekte eine Rolle. Holocaust und Krieg sind noch zu nah, als dass sie im Zusammentreffen von Juden und Nichtjuden bedeutungslos sein könnten. Abhängig davon, wie sehr die Eltern durch eine Opfer- oder auch Täterbiographie geprägt sind, wird die Partnerwahl des Kindes aufgenommen. In den Interviews sind zum Teil deutliche Unterschiede zu erkennen. Besonders die jüdischen Studienteilnehmer der zweiten Generation erzählen fast übereinstimmend, dass sie als Kinder und Jugendliche in einem überwiegend nichtjüdischen Umfeld verkehrten. Dennoch hätten sie eine Verpflichtung den Eltern gegenüber empfunden, einen jüdischen Ehe-Partner zu finden. Es sei ihnen sehr bewusst gewesen, auf diese Weise die heimliche Erwartung oder auch nur die Hoffnung ihrer Eltern zu erfüllen, mit einem nichtjüdischen Partner dagegen eher zu enttäuschen. Etwas abgeschwächt im Vergleich zu den Männern war dieses Empfinden bei den jüdischen Frauen. Sie erklären zwar ebenfalls, dass ein jüdischer Partner dem Wunsch der Eltern entsprochen hätte. Andererseits betonen sie deutlicher die geringe Wahrscheinlichkeit, hier in Deutschland einen solchen zu finden. Dass ihre Kinder trotz nichtjüdischer Väter halachisch Juden sind, mag dazu beigetragen haben, dass diese Frauen weniger mit offener Enttäuschung auf Seiten ihrer Eltern konfrontiert waren.

> So wie bei mir ist das super easy. Ich glaub, sobald man jüdische Väter fragt, mit nichtjüdischen Frauen, ist das viel schwieriger. Dann ist das Problem viel größer, weil sie genau wissen, ihre Kinder sind keine Juden. Genau da ist der Knackpunkt. Eigentlich kann das ja aber auch nicht sein, dass es für die Frauen easy ist und für die Jungs nicht. (Samira)[9]

Dementsprechend erzählen Ariel und seine Frau Sandra:

9 Alle Namen sind anonymisiert.

> Ja, also in der Schwangerschaft, als wir dann wussten, dass es ein Mädchen wird, da hat deine Mutter gesagt: Is auch besser so, sonst wärs ja ein Problem. Da hab ich gedacht: Hä? Und dann wurde mir klar, dass sie dann eben, dass sie da drüber nachgedacht hat so wegen Beschneidung oder Nichtbeschneidung und so. Das war jetzt für mich kein Problem, aber es war für sie eben ein Problem. Und dies Problem hatte sie dann nicht, dadurch dass sie dann eben wusste, dass es ein Mädchen ist. (Sandra)

> Ja, ich denke schon, die haben sich schon damit beschäftigt. Das war so, hm, die fühlten sich nicht wohl dabei. Die kannten das ja schon von meinem Bruder, der ist mit einer Christin verheiratet, das kannten sie schon. Da gab es schon so einen Wunsch, also mein Bruder hat keine Kinder, da gab es das schon, dass das irgendwie weiter, also an die nächste Generation weitergegeben wird. Dann war das, als Susanne schwanger geworden ist, da haben sie sich dann verabschiedet von dieser Variante, also, sie haben sich nicht sofort verabschiedet. Zumindest nicht so glatt, dass es eben keine jüdischen Nachkommen gibt. Also, da waren sie schon noch beschäftigt. (Ariel)

Ariels Mutter konnte also ihre Trauer darüber, dass nun keine ‚echten' jüdischen Kinder innerhalb der Familie mehr geboren würden, kaum verbergen. Gleichzeitig wirkte sie erleichtert, als Sandra schwanger wurde und schließlich bekannt wurde, dass das erwartete Kind ein Mädchen sein würde. So stellte sich die Frage einer eventuellen Beschneidung gar nicht erst. Ariel empfand gleichwohl diese Reaktion als zusätzlichen Ansporn für sich, seiner Tochter jüdische Religion und Tradition so umfassend wie möglich zu vermitteln, obwohl er sich selbst nicht als religiös bezeichnet.

Die befragten Jüdinnen und Juden aus der dritten Generation gaben hinsichtlich ihrer Partnerwahl mehrheitlich an, keinem besonderen elterlichen Erwartungsdruck ausgesetzt gewesen zu sein, möglicherweise, weil sie sich von Kindheit an sehr viel selbstverständlicher in der nichtjüdischen Mehrheitsgesellschaft bewegt hatten als Jahre zuvor noch ihre Eltern.

> Ich hatte, bis ich Thomas getroffen habe, schon andere Beziehungen mit Nichtjuden, ich war nur einmal mit einem Juden zusammen. Meine Eltern hatten, denke ich mal, nicht – oder eher nicht mehr – die Erwartung, dass ich mal einen Juden heirate. (Miriam)

Ganz anderes wiederum berichten die Interviewpartner, die aus den GUS-Staaten nach Deutschland gekommen sind. Die Verbindung zu einem nichtjüdischen, also der Mehrheitskultur angehörigen Partner, sei von den Eltern vornehmlich als positives Zeichen für ein ‚Angekommensein' in der neuen Heimat Deutschland bewertet worden. Ähnlich hatte auch in den Herkunftsländern eine nichtjüdische Heirat

häufig eher als vorteilhaft gegolten, weil sie unter Umständen vor Diskriminierung schützen konnte.
Bei den nichtjüdischen Gesprächspartnern fällt auf, dass die, deren Eltern den Krieg bewusst miterlebt hatten, teilweise von explizit judenfeindlichen Äußerungen aus dem familiären Umfeld berichten. Bei den Paaren, deren Eltern bereits nach dem Krieg aufgewachsen sind, gab es solche Vorfälle nicht. Die jüdische Herkunft des zukünftigen Familienmitglieds wurde überwiegend mit freundlicher Neugier, aber auch Achtung und einer gewissen Scheu vor der oft tragischen Familiengeschichte bedacht.
Hermann, der aus einem katholischen Elternhaus stammt, erzählt, dass seine Eltern in seiner Kindheit gelegentlich vor den Problemen gewarnt hätten, die durch ‚Mischehen' entstehen könnten. Allerdings hatten sie, aus stark katholisch geprägtem Gebiet kommend, dabei Ehen zwischen Protestanten und Katholiken vor Augen. Als Hermann seine Frau Ella heiratete und mit ihr drei Kinder bekam, nahmen seine Eltern sehr wohlwollend zur Kenntnis, dass die Kinder eine religiöse Tradition und Erziehung erlernten und erfuhren. Dass diese nicht katholisch, sondern jüdisch geprägt war, störte Hermanns Eltern offensichtlich nicht. Die eigene katholische Prägung trat in dieser Frage in den Hintergrund. Hermann erklärt dies damit, dass er schon als Kind von seinen Eltern immer wieder auf das schlimme Schicksal der europäischen Juden hingewiesen worden sei und auf die Verantwortung, die gerade Christen daraus entstehe. Die individuelle Wahrnehmung solchen Verantwortungsgefühls scheint bei der Vermittlung religiös-kultureller Traditionen an die nachfolgende Generation eine bedeutsame Rolle zu spielen.

Identifikationsangebote an Kinder

Welche Relevanz hat das jeweilige religiöse Erbe also für die Kindererziehung? Mit der Geburt eigener Kinder verbindet sich für Paare eine Zäsur, an der erste Lebens-Bilanzen gezogen und bewusstere Rückbesinnungen oder auch Distanzierungen vorgenommen werden. Der Wunsch, den eigenen Nachwuchs in der Entwicklung zu einer eigenständigen und starken Persönlichkeit hin zu fördern, Wertvorstellungen zu vermitteln und Traditionen weiterzugeben, führt zu der mitunter dramatisch ausgehandelten Frage, ob und, wenn ja, inwieweit den Kindern weltanschauliche und religiös ausgerichtete Identifikationsangebote vorgelebt werden sollen. In einer ethnisch,

religiös und kulturell homogenen Familie geschieht dies in aller Regel entweder in Anlehnung an die Gepflogenheiten der ererbten Religion und Kultur oder aber in der bewussten Abgrenzung davon. Für ein jüdisch-christliches Elternpaar bedeutet dieser Prozess, Entscheidungen zu treffen, denen notwendig das Verhandeln beider Identifikationen und ihrer Relevanz für die Familie vorausgeht.
Die befragten Paare gehen recht unterschiedliche Wege hinsichtlich Kindererziehung und Prägung in religiösen Angelegenheiten. Bei den drei Elternpaaren aus erster Generation fällt in besonderem Maße auf, dass sich das eigene Schicksal und Ergehen für die Entscheidung, wie die eigenen Kinder aufwachsen sollen, als leitend erwiesen hat: So erfuhr beispielsweise die Tochter von Ada und Gerhard, die aus politischer Überzeugung nach dem Krieg in der DDR blieben, erst als Jugendliche von der jüdischen Herkunft ihrer Mutter, die in einem assimilierten Elternhaus groß geworden war. Die Lebensführung der Familie war bewusst säkular ausgerichtet, da beide Eltern davon überzeugt waren, dass religiöse Zuschreibungen für das Zusammenleben von Menschen schädlich seien:

> Wissen Sie, ich musste als Kind mit meinen Eltern in ein fremdes Land flüchten, mich dort behaupten. Später musste ich hier wieder von vorn anfangen. Und das alles nur, weil ich eine bestimmte Abstammungslinie habe, die bestimmten Leuten nicht gepasst hat? Das war für mich einfach zu absurd, ich wollte das – ja, abstreifen. Unsere Tochter ist von uns sozialistisch erzogen worden. Wir wollten, dass sie überall dort dabei ist, wo auch die anderen Kinder hingehen. Wir wollten keine Unterschiede. (Ada)

Karl und Marianne hingegen ließen ihre beiden Söhne auf Wunsch des jüdischen Vaters Karl evangelisch taufen. Eine Beschneidung, die der Entbindungsarzt angesprochen hatte, lehnte Karl vehement ab, da er darin ein irreversibles Merkmal an seinen Kindern sah, das ihnen zum Verhängnis werden könnte, sollten sich die Zeiten noch einmal ändern. Beide Kinder besuchten den Religionsunterricht und wurden konfirmiert, darüber hinaus wurden innerhalb der Familie jedoch kaum religiöse Rituale gepflegt. Karl bezeichnet sich selbst als stark geprägt durch seine Kindheit in einer großen kulturell-jüdischen Familie, jeden nach außen gerichteten Hinweis auf jüdische Familienwurzeln hat Karl allerdings immer konsequent vermieden.[10] Seine

10 Diese Vermeidung ging so weit, dass Karl ein familiäres Zerwürfnis riskierte, als einer seiner beiden Söhne seine Tochter ‚Sarah' nennen wollte. Er gab an, dass der

jüdische Identität ist eng mit seiner Verfolgungserfahrung verknüpft und dadurch fast ausschließlich negativ besetzt.
Die verwitwete Erika wiederum erzählt von ihrem Mann Isak, der den Krieg im Untergrund überleben konnte, seine gesamte Familie jedoch im Holocaust verloren hatte und als *displaced person* nach Deutschland kam, dass er schon vor der Heirat auf eine ausschließlich jüdische Erziehung eventueller Kinder bestand. Obwohl er zeitlebens selbst nur wenig Interesse an religiösen Dingen zeigte, fühlte er seinen ermordeten Angehörigen gegenüber die Verpflichtung, das jüdische Erbe weiterzugeben und die Tradition nicht abbrechen zu lassen:

> Mein Mann war ein politisch sehr ambitionierter Mensch, aber kein unbedingt sehr religiöser. Aber ich denke, dass ihn das Überleben einfach – ja, bestärkt hat, dass er ganz bewusst Jude sein wollte, auch, weil es eben eine Zeit lang nicht möglich war, das offen und frei zuzugeben. (Erika)

Diese enge Korrelation zwischen erlittenem Schicksal und der erfolgten Weichenstellung für die eigenen Kinder war bei den befragten Paaren aus zweiter und dritter Generation nicht mehr so offensichtlich feststellbar. Vielmehr stehen hier pädagogische und entwicklungspsychologische Erwägungen im Vordergrund, verbunden mit der eigenen Sinnsuche. So lassen Samira und Martin ihre beiden Kinder ausschließlich in der jüdischen Tradition heranwachsen. Samira hält es für ausgesprochen falsch und schädlich, keine eindeutige Linie zu verfolgen. Sie ist überzeugt davon, dass solches auf Kinder letztlich nur verwirrend wirken kann und die Herausbildung einer eigenen, stabilen Identität erschwert:

> Also, wenn man Kinder erzieht, dann sollte man ihnen eine Linie geben. Davon bin ich überzeugt. Diese Geschichte mit ‚wir wachsen in beiden Religionen auf, Du suchst Dir dann eine aus', geht null auf. Am Ende. Dann haben sie überhaupt keine Identität. Also was religiöse Identität angeht. (Samira)

Bei den Paaren, die sich als religiös nur schwach gebunden und eher glaubensfern bezeichnen, wird laut eigener Aussage eine jüdische Festkultur innerhalb der Familie gepflegt, entweder zusammen mit

geplante Name für seine Enkelin ihn immer an die Zwangsmaßnahme der Nationalsozialisten erinnert hätte, wonach Jüdinnen den Zunamen ‚Sarah' in ihren Personaldokumenten vermerkt bekamen. Prinzipiell befand er diesen Vornamen als ‚typisch jüdisch' und somit inakzeptabel für seine Enkelin.

den jüdischen Großeltern, sofern sie noch leben, oder auch mit anderen jüdisch-christlich gemischten Familien zusammen.
Es fällt auf, dass keines der befragten Paare aus zweiter oder dritter Generation eine rein christliche Kindererziehung praktiziert, keines der Kinder ist etwa getauft. In allen Familien wird verstärkt Gewicht darauf gelegt, Kindern das Judentum als Religion oder als kulturellen und traditionsreichen Schatz nahe zu bringen. Häufig sind die Familien mehr oder weniger fest an eine jüdische Gemeinde angebunden. Liberale und Reformgemeinden sind darunter ebenso zu finden wie konservativ und orthodox ausgerichtete. Letztere sehen sich zwar den orthodoxen Positionen verpflichtet, im Umgang mit Kindern aus ‚Mischehen' mit jüdischem Vater verhalten sie sich jedoch nicht immer eindeutig. Viele Kinder nehmen – in unterschiedlicher Regelmäßigkeit – an jüdischen Gottesdiensten, gemeindlichen Festen und Veranstaltungen teil. Auch der nichtjüdische Elternteil ist meist mit dabei. Gerade auch die Personen, die vor der Familiengründung eher kirchenfern gelebt haben, erleben auf diese Weise eine Wiederannäherung an religiöse Rituale und Routinen. Dass sie selbst ursprünglich christlich geprägt wurden, scheint die innere Bereitschaft, sich der jüdischen Religion und der dazugehörenden Kultur interessiert zu öffnen, nicht zu hemmen.
Entsprechend spielen christliche Feierlichkeiten bei der großen Mehrzahl der befragten Paare eine stark untergeordnete Rolle. Weihnachten wird zwar auf die eine oder andere Weise fast ausnahmslos begangen, selten mit Gottesdienstbesuch, doch durchgängig mit Weihnachtsbaum, Geschenken und Familientreffen. Ein weitergehender, etwa religiöser Inhalt wird dem Weihnachtsfest kaum beigemessen, vielmehr scheint es als Zugeständnis an die herrschende Mehrheitskultur betrachtet zu werden. Dass die christliche Tradition in diesen Familien so wenig lebendig ist, hat verschiedene Ursachen: Eine dürfte die kommerzielle Überfrachtung der christlichen Festkultur sein, die deren inhaltlichen Kern so nachhaltig aushöhlt, dass dieser nicht mehr als ausreichender Anlass für gelebte Familientradition und die Vermittlung religiöser Inhalte dient.

> Gut, wir nennen uns alle schnell Christen, aber furchtbar eingebunden sind wir eigentlich nicht. Aber Judentum, das ist eben mehr als Religion, das ist auch Philosophie. Das ist eine Lebensauffassung. Und wenn das jemand irgendwo für sich in Anspruch nimmt und ernst nimmt, dann wird dies, wenn Menschen zusammen sind, denke ich mal, in vielen Fällen dominieren. (Manfred)

Generell scheint dem christlich geprägten Partner der Verzicht auf die eigene religiös gefüllte Tradition und die ersetzende Übernahme der jüdischen leichter zu fallen als umgekehrt dem jüdischen. Dies liegt bei religiös-christlich orientierten Menschen häufig am Empfinden spiritueller Nähe zum Judentum. Der Verzicht auf das Ausleben eigener christlicher Inhalte und Rituale wird dann dadurch erleichtert, dass man in der jüdischen Tradition den Vorläufer oder sogar die eigentliche Wurzel christlichen Glaubens wiederzufinden glaubt. Im Judentum als religiös-kulturellem Gebilde wird nicht das Trennende, sondern vielmehr ein Anknüpfungspunkt für die eigene Spiritualität gesehen. Teilweise initiieren die christlich geprägten Partner sogar die familiäre Pflege jüdisch-religiöser Rituale. Ein gewichtiger Grund dafür ist offensichtlich auch die leidvolle jüdische Geschichte in Deutschland. In aller Regel haben sich die nichtjüdischen Personen mit dem Schicksal ihrer jüdischen Lebenspartner und deren Familien intensiv auseinandergesetzt. Sie erwecken den Eindruck, als empfänden sie eine gewisse ‚Bringschuld', eine Verantwortung für den Fortbestand jüdischer Religion und Traditionen. Dieses Empfinden führt überwiegend dazu, dass die christlichen Partner gemeinsame Kinder bevorzugt mit jüdischen Traditionen und religiösen Ritualen vertraut machen möchten.

> Problematisch ist für mich immer der Karfreitag. Seit ich weiß, was früher an diesem Tag so alles abgelaufen ist, kann ich da nicht mehr unbefangen mit umgehen. Das ist vielleicht der Preis, den ich als Christ dafür bezahle, eine jüdische Frau zu haben. Ich finde schon, dass wir Christen mit diesem Judenhass mit dafür gesorgt haben, dass es in Deutschland so weit kommen konnte mit dem Antisemitismus unter Hitler. Heute ist zwar vieles anders. Aber die Kirche muss sich noch weiter öffnen und ihre Geschichte aufarbeiten. Und natürlich mit den Juden im Gespräch bleiben. Und wenn wir Kinder bekommen, dann will ich schon, dass sie das Judentum gut kennen – sie werden ja auch Juden sein. (Thomas)

Auch für eher säkular denkende Personen, die auf den familiären Schatz ursprünglich religiös konnotierter Rituale zurückgreifen möchten, übt die jüdische Religion in ihrer betonten Familienbezogenheit und Traditionspflege eine größere Anziehungskraft aus als das Angebot, das sie auf der christlichen Seite wahrnehmen.

Ein eher kleiner Teil der befragten Paare versucht, seinen Kindern beide Traditionen nahezubringen, um ihnen später eine eigene Entscheidung zu ermöglichen. Dabei äußern sie allerdings Zweifel, ob sie ihren Kindern damit möglicherweise zu viel aufbürden. So nimmt die Tochter von Ariel und Sandra in der jüdischen Gemeinde Angebote für Kinder wahr und besucht in der Schule den evangelischen Religionsunterricht. Ariel bezeichnet sich selbst zwar als Atheisten, aus einem Verpflichtungsgefühl seiner Familie, aber auch der ‚Schicksalsgemeinschaft' gegenüber, als die er das Judentum insgesamt begreift, möchte er, dass seine Tochter eine lebendige Beziehung zu dieser Gemeinschaft aufbauen kann und auch von anderen Juden als Jüdin anerkannt wird. Gleichzeitig ist es ihm wichtig, dass sie (auch) die Konfession der evangelischen Mutter gut kennen lernt. Dennoch irritiert es ihn, dass seine Tochter erst offiziell übertreten müsste, um als vollwertige Jüdin gelten zu können: „Sie müsste sozusagen eine, ja, sie müsste sozusagen ‚gekaschert' werden".[11] Die ihm genannten Bedingungen, nämlich der Besuch der Mikwe für seine Tochter, das schriftliche Einverständnis seiner Frau zur Konversion und eine gemeinsame Verpflichtungserklärung, einen jüdischen Haushalt zu führen, empfindet er als Überforderung, die schon deshalb nicht leistbar ist, weil auch Sandras Töchter aus erster Ehe, die evangelisch sind, in der Familie leben. Ariel und Sandra haben sich damit arrangiert, dass ihre Tochter in zwei Traditionen heranwächst, auch wenn sie befürchten, dass dies für das Mädchen eine Belastung sein könnte. Ariel glaubt, dass gerade dieses *sowohl als auch* einen Identitätskonflikt bei Kindern auslösen könnte. Dennoch sehen weder er noch Sandra eine Möglichkeit, sich auf eine der beiden Identifikationsmöglichkeiten allein zu beschränken.

Elaines und Markus' Kinder dagegen sind zwar halachisch Juden, besuchen jedoch eine katholische Schule und kennen beide Traditionen. Auch Elaine meint, dass es grundsätzlich in der Natur des Menschen liege, wissen und festlegen zu wollen, wer oder was man sei, welche Identität man sich selbst zu eigen machen möchte. Sie glaubt deshalb, dass sich ihre Kinder irgendwann entscheiden werden, möchte in dieser Frage aber ebenfalls nicht vorausgreifen und sieht zu dem zweifachen religiösen Identifikationsangebot für ihre Familie keine Alternative. Bei ihrem Mann Markus ist das Interesse an

11 Ariel verwendet hier den Ausdruck für ‚koscher machen', will damit also andeuten, dass seine Tochter nach Ansicht der örtlichen jüdischen Gemeinde erst den Ritualvorschriften genügen muss, bevor sie als Jüdin auch gemeindlich anerkannt wird.

Religion, auch an der eigenen katholischen Konfession, vornehmlich auf ethische und lebenspraktische Wertvorstellungen konzentriert. Er hofft, dass eine Erziehung zu starken Persönlichkeiten den Kindern ermöglichen werde, dem Druck zur Anpassung an nur eine der beiden Traditionen standhalten zu können.

Einsichten der Identitätsforschung zeigen, dass auch der Weg der beiden zuletzt beschriebenen Familien gelingen kann. Ihr zufolge wird, angelehnt an die sowohl äußere als auch innere Pluralisierung in modernen Gesellschaften, Identität nicht länger als singulär und statisch verstanden, sondern als mehrschichtig und dynamisch. Identitätsbildung ist damit ein komplexer Prozess, der nicht linear verläuft und der sich an verschiedenen Bezugspunkten handlungstheoretisch auszurichten vermag. Die eigene Identität wird so erarbeitet und kann sich im Laufe des Lebens, durch äußere und innere Einflüsse bedingt, wandeln.[12] Der Versuch, den eigenen Kindern mehr als ein religiös-kulturelles Identifikationsangebot zu unterbreiten und gleichzeitig die Wahl zu lassen, welche Anteile zur jeweils eigenen Identität zusammengefügt werden, muss also keineswegs scheitern. Dies gilt umso mehr, als die normativ ausgerichtete Beschreibung und Festlegung einer einzig ‚richtigen' jüdischen oder auch christlichen Identität in einer Zeit vielfältiger Lebens- und Glaubensmodelle von den Betroffenen immer stärker hinterfragt wird.

Die Brit Mila als möglicher Konflikt

Ein besonders sensibles Thema in den geführten Gesprächen war immer wieder die Brit Mila, die Beschneidung männlicher Säuglinge. Die entsprechenden Interviewpassagen spiegeln in ihrer Emotionalität und Verunsicherung die gesellschaftlichen Auseinandersetzungen

12 Zusammenfassende Darstellungen zum Begriff Identität finden sich in verschiedenen soziologischen und psychologischen Lexika bzw. Handbüchern, z.B. A.M. Bevers: Identität. In: *Soziologie-Lexikon*, hrsg. v. Gerd Reinhold. München / Wien: Oldenbourg 1991, S. 247–250; Heiner Keupp: Identität. In: *Psychologische Grundbegriffe. Ein Handbuch*, hrsg. v. Siegfried Grubitzsch / Klaus Weber. Reinbek: Rowohlt 1998, S. 239–245. Zum Prozess der Identitätsbildung ist ebenfalls umfangreiche Literatur erschienen, z.B. Walter Reese-Schäfer (Hrsg.): *Identität und Interesse. Der Diskurs der Identitätsforschung*. Opladen: Leske & Budrich 1999; Erik H. Erikson: *Identität und Lebenszyklus*. 12. Aufl. Frankfurt am Main: 1991; Berthold Gillitzer: *Personen, Menschen und ihre Identität*. Stuttgart / Berlin / Köln: Kohlhammer 2001; Hartmut Esser / Jürgen Friedrichs (Hrsg.): *Generation und Identität: theoretische und empirische Beiträge zur Migrationssoziologie*. Opladen: Westdeutscher Verlag 1990.

wider, die über dieses Thema geführt werden. In Deutschland gilt Beschneidung vielen Menschen als archaischer Brauch, der mit Ängsten, Vorurteilen und dem Makel des Fremden behaftet ist. In den öffentlich geführten Diskussionen werden nicht selten jüdische und muslimische Jungenbeschneidung mit der Genitalverstümmelung bei Mädchen gleichgesetzt und entsprechend verurteilt.[13] Diese Sichtweise wurde in den geführten Interviews zwar nicht geäußert. Eine neutrale oder positive Einstellung zur Brit Mila zeigten dennoch nur zwei der nichtjüdischen Personen. Abgesehen von Karl, der aufgrund der eigenen traumatischen Lebenserfahrung während des Dritten Reichs die Beschneidung seiner Söhne kategorisch abgelehnt hatte, kommt bei fast allen anderen Gesprächspartnern ein eher diffuses Unbehagen hinsichtlich der Brit Mila zum Ausdruck. Selbst Samira, die ein konsequent jüdisches Familienleben pflegt, bezeichnet sie als ‚die größte Mizwa'[14], die sie als jüdische Mutter erfüllt habe. Unvorstellbar schwer sei es gewesen, das Kind, das sie gerade erst zur Welt gebracht hatte, dem Beschneidungsmesser ‚auszuliefern', wie sie sagt. Besonders ablehnend äußern sich allerdings die nichtjüdischen Väter über die eventuelle Beschneidung ihrer Söhne. So erzählt Frank: „Also, mir war das ziemlich klar, dass ich da nicht dafür war. Einfach weil mir der Gedanke, einem so kleinen Kind sozusagen was abzuschneiden, ziemlich fremd war." Teilweise haben diese Väter letztlich nur aufgrund der Beharrlichkeit ihrer jüdischen Partnerinnen einer Brit Mila zugestimmt. Vor diesem Hintergrund kann

13 Nachdem das Landgericht Köln am 7. Mai 2012 in zweiter Instanz die Beschneidung eines muslimischen Jungen als Körperverletzung verurteilte, welche durch eine religiöse Motivation und den Wunsch der Eltern nicht gerechtfertigt werde und die nicht im Wohle des Kindes sei, brach in Deutschland eine breite Debatte über die Bedeutung, Rechtmäßigkeit und juristische Einordnung der religiös begründeten Beschneidung männlicher Minderjähriger aus. Die Mehrheit der Kinderärzte, die diese Operation bislang durchgeführt hatten, setzten aufgrund der Rechtsunsicherheit damit aus. In seinem Essay setzt sich Matthias Küntzel für die Rechtssicherheit im Zusammenhang mit der Beschneidung muslimischer und jüdischer Jungen ein, siehe ders.: Kontaminiertes Terrain: Uralt-Ängste, Ressentiments und Projektionen im deutschen Beschneidungsdiskurs. Anmerkungen zu einer laufenden Diskussion. https://www.perlentaucher.de/essay/kontaminiertes-terrain.html (Zugriff am 26.11.2013). Die spezifisch jüdische Sichtweise auf die Beschneidung männlicher Säuglinge und die Ängste, die mit einem Generalverdacht gegen oder gar dem Verbot dieser Tradition einhergehen behandelt Alfred Bodenheimer: *Haut ab! Die Juden in der Beschneidungsdebatte*. Göttingen: Wallstein 2012.

14 Gemeint ist hier die größtmögliche religionsgesetzliche Treue und Gebotserfüllung.

es nicht verwundern, dass in der durchgeführten Untersuchung auch jüdische Mütter unbeschnittener Söhne vertreten sind. Sigal, die aus einem Kibbuz in Israel stammt und relativ religions-, aber nicht traditionslos aufgewachsen ist, erzählt, dass sie bei der Geburt ihres Sohnes auf die Beschneidung verzichtet habe. Ihr Mann habe offensichtlich ein Problem damit gehabt und ihr selbst sei dieser Brauch zu diesem Zeitpunkt nicht wichtig gewesen. Erst später habe sie ihr eigenes Nachgeben bereut und an der Entscheidung, die Tradition an diesem Punkt abbrechen zu lassen, gezweifelt. Da ihr Sohn als junger Erwachsener von sich aus die Brit Mila wählte, sind ihre Zweifel heute nicht mehr von Bedeutung. Ähnlich verlief die Entwicklung bei Evas und Horsts Sohn. Nach seiner Geburt verzichtete Eva, die in Argentinien aufgewachsen ist, zunächst auf die Beschneidung. Einerseits merkte sie, wie unwohl ihrem Mann bei diesem Gedanken war, andererseits fand sie es auch passend, wenn der Sohn dem Vater in dieser Hinsicht gleiche, also unbeschnitten bliebe. Inzwischen ist auch ihr Sohn erwachsen, ließ sich beschneiden und lebt derzeit in Israel.

Wie sehr die Beschneidung als äußeres, irreversibles Zugehörigkeitszeichen zum Judentum auch positiv im Elternbewusstsein verankert sein kann, zeigt das Beispiel von Lena und Jakob. Lena ist evangelisch aufgewachsen und bezeichnet sich selbst als gläubig. Als sie ihren Mann Jakob, der aus Polen nach Deutschland eingewandert war, kennen lernte und das erste Kind erwartete, erkundigte sie sich bei der jüdischen Gemeinde vor Ort, ob das Kind, zusammen mit dem Vater, eingetragenes Gemeindemitglied sein könne. Die Ablehnung, die ihr als nichtjüdischer Mutter entgegengebracht wurde, beschäftigt sie noch heute, mehr als zehn Jahre später. Damals ergab sich daraus die bemerkenswerte Situation, dass sie gerade deshalb eine Beschneidung ihres Kindes durchführen lassen wollte. Für Lena war es wichtig, ihrem Sohn die Wiederaufnahme und Pflege des jüdischen Erbes seines säkular aufgewachsenen Vaters zu ermöglichen. Für sie bestand darin auch kein Widerspruch zu ihrem eigenen ungebrochen evangelischen Selbstverständnis. Da ein Mohel nicht zur Verfügung stehen würde, fand sich ein Arzt dazu bereit, angesichts der speziellen familiären Situation die Operation durchzuführen. Heute erlernen Lena und Jakob zusammen mit ihren beiden Söhnen eine jüdische Lebensführung und erhalten dabei Hilfestellung von der liberalen Gemeinde, in der sie inzwischen regelmäßig zu Gast sind.

Resümee

Die ausgewählten Beispiele aus den durchgeführten Interviews zeigen, wohin auch die Gesamtheit der Ergebnisse der Untersuchung führt: Die jüdische Tradition wirkt in diesen Familien faktisch stärker identitätsstiftend als die christliche. Dies gilt insbesondere für die Paare, die der zweiten und dritten Generation zuzurechnen sind. In jeder dieser Familien werden spezifisch jüdische Rituale in jeweils individueller Art und Weise gepflegt, teilweise regelmäßiger und intensiver als in manch jüdischer Familie. Dies geschieht unter Umständen sogar dann, wenn der jüdische Partner ursprünglich religions- und traditionsfern aufgewachsen ist. Jüdische Identitäten in Deutschland in ihren vielfältigen Facetten zeigen sich als starke Kraft, unabhängig davon, ob sie religiös, traditionell, kulturell oder auch als Bindung an eine ‚Schicksalsgemeinschaft' verstanden werden. Sie beeinflussen auch die christlichen Familienmitglieder teilweise erheblich im Umgang mit der eigenen Familiengeschichte, in Bezug auf familiäre Traditionsbildung, manchmal auch im Sinne einer Modifizierung der eigenen religiösen Praxis und Identität.

Vor allem bei Vertretern des US-amerikanischen Reformjudentums kann man von ähnlichen Beobachtungen und praktischen Erfahrungen mit jüdisch-christlich gemischten Familien erfahren.[15] Seit nach Erscheinen einer landesweiten Studie zur jüdischen Bevölkerung der USA, dem *National Jewish Population Survey – NJPS* von 1990 die dortige jüdische Gemeinschaft aufgrund der erhobenen hohen Anzahl von jüdisch-nichtjüdischen ‚Mischehen' aufgeschreckt wurde, sind zahlreiche US-amerikanische Untersuchungen und Publikationen zum Thema entstanden. Neben den nach wie vor kritischen Stimmen, die vor allem Strategien zur Vermeidung weiterer ‚Mischehen' einfordern, mehren sich inzwischen auch die Beiträge, in denen die

15 Ein Beispiel hierfür gibt Neil Kominsky: Why Do You Do This? A Rabbi's Experience with Interfaith Marriage. http://www.interfaithfamily.com/life_cycle/weddings/Why_Do_You_Do_This_A_Rabbis_Experience_with_Interfaith_Marriage.shtml (Zugriff am 26.11.2013): „Very often in my experience, non-Jewish partners who, for any of a number of very good reasons, do not see themselves converting to Judaism, at least in the foreseeable future, can be very comfortable about supporting the Jewish partner's religious identity, living in a home that identifies with a welcoming Jewish community and bringing up Jewish children. Such a couple, in my opinion, represents a positive contribution to the Jewish future, and I am glad to assist them […]."

Analyse der faktischen Lebensrealitäten in gemischten Ehen neutrale oder gar positive Aspekte für die jüdische Gemeinschaft als Ganzes aufzeigt. Allerdings wird angemahnt, dass jüdische Gemeinden und Institutionen ihr Engagement im Bereich religiöser Bildung, Erziehung und Vermittlung jüdischer Traditionen verstärken sollten, sowohl für homogene wie für gemischte Familien, damit auf diese Weise jüdische Identität gestärkt und die Tradition weitergegeben werden kann.[16]

Vermutlich dürfte auch in Deutschland ein offensives gemeindliches Zugehen auf jüdisch-christlich gemischte Familien hilfreich sein und manche erlebte Enttäuschung und Verunsicherung ersparen.[17] Der Wunsch, sich mit jüdischer Kultur, Tradition und auch Religion zu beschäftigen und zu identifizieren, scheint hierzulande jedoch häufig aus den Partnerschaften selbst zu erwachsen und gründet sich nicht von vornherein auf die Unterstützung und Förderung durch eine jüdische Gemeinde. Die nähere Analyse der Realität jüdisch-christlicher Mischehen im heutigen Deutschland unterstützt keinesfalls die

16 So beispielsweise Pearl Beck: *A Flame still Burns. The Dimensions and Determinants of Jewish Identity among Young Adult Children of the Intermarried – Findings and Policy Implications.* New York: Big Tent Judaism / Jewish Outreach Institute (JOI) 2005. http://www.bjpa.org/publications/downloadFile.cfm?FileID=116 (Zugriff am 26.11.2013), S. 43: „In this study, we have documented the substantial variations in current Jewish identities, experiences, and connections that characterize people who grew up with one Jewish parent. Going forward, it is the Jewish community's challenge to design initiatives to successfully re-ignite the dormant Jewish 'sparks' which continue to reside within many of these individuals." In der auf das amerikanische Reformjudentum fokussierten Studie von Fern Chertok / Benjamin Phillips / Leonard Saxe: *It's Not Just Who Stands Under the Chuppah: Intermarriage and Engagement.* Waltham / Boston: Steinhard Social Research Institute / Brandeis University 2008. http://bir.brandeis.edu/bitstream/handle/10192/23017/Intermarriage.052908.pdf?sequence=1 (Zugriff am 26.11.2013), S. 24–25: „Accepted wisdom has been that the root of the problem for American Jewry is intermarriage and the dissolution of traditional, endogamous Jewish families. Our conclusion is different. Whether or not the identity of the next generation is strengthened depends on our ability to educate and transmit Judaism. It depends less on whom young Jews marry than their capacity to find meaning in Judaism and the ability of parents to be role models in this endeavor."

17 Einen ähnlichen Schluss ziehen in erst jüngerer Zeit auch zunehmend öffentliche Äußerungen zum Thema ‚Mischehen' in Deutschland, so z. B. Michael Brenner: Unter einem Dach. Standpunkt. Das Prinzip der Einheitsgemeinde ist nach wie vor aktuell – wenn die Vielfalt garantiert ist. In: *Jüdische Allgemeine*, 21.11.2013, S. 1: „Die meisten Juden in Deutschland leben mit nichtjüdischen Partnern. Wenn man diesen Personenkreis und ihre Kinder zu Gemeindegliedern zweiter Klasse degradiert, werden bald nicht mehr viele in der ersten Klasse übrig bleiben."

Annahme, sie könnte vorrangig in einer Erosion jüdischer Identität und Kultur münden. Die Ergebnisse der Untersuchung ermutigen vielmehr umgekehrt, sich einem gleichermaßen tabuisierten wie weit verbreiteten Phänomen unvoreingenommen zu stellen.

‚Mischehe' und Übertritt
Elemente jüdischer Identitätskonstruktionen am Beispiel der deutschen Schweiz

Madeleine Dreyfus

Wie werden zu Beginn des 21. Jahrhunderts jüdische Identitäten weitergegeben, wenn etwa die Hälfte aller Paare jüdisch-nichtjüdisch gemischt ist? Die Autorin konzentriert sich in diesem Artikel auf einige Ausschnitte aus Gesprächen mit Deutschschweizer Personen, die in gemischten Beziehungen leben oder aus solchen stammen. Sie gibt Einblick in ihre spezifische Art des Zuhörens und macht nachvollziehbar, wie sie die alltagspraktische Lebensrealität gemischter Paare mit theoretischen Erkenntnissen verbindet.

Ausgangslage und Rahmenbedingungen

Die hier vorgestellten Gesprächsauszüge sind Beispiele aus einer größeren Untersuchung, die teilweise im Rahmen des Schweizerischen Nationalfondprojekts NFP58 „Schweizer Judentum im Wandel" entstanden ist: *Ein ziemlich jüdisches Leben. Jüdische Identitätskonstruktionen in Mischehen und Übertritten*[1] widmet sich der Problematisierung jüdischer Identitäten,[2] die sich im Zusammenhang mit der Transmission

1 Madeleine Dreyfus: *Ein ziemlich jüdisches Leben. Säkulare Identitäten im Spannungsfeld interreligiöser Beziehungen.* Köln / Wien / Weimar: Böhlau 2016 (im Erscheinen); eine Kurzfassung, die sich auf die Entscheidungsfindung „Mischehe oder Übertritt?" konzentriert, wurde bereits publiziert: Mischehe oder Übertritt. Drei Lebensentwürfe. In: Jacques Picard / Daniel Gerson (Hrsg.): *Schweizer Judentum im Wandel. Religion und Gemeinschaft zwischen Integration, Selbstbehauptung und Abgrenzung.* Zürich: Chronos 2014, S. 203–256.

2 Siehe Heiner Keupp et al.: *Identitätskonstruktionen. Das Patchwork der Identitäten in der Spätmoderne.* Reinbek: Rowohlt 2008.

der Zugehörigkeit zum Judentum im Konvergenzbereich zwischen jüdisch und nichtjüdisch manifestieren. Gemischte Beziehungen werden in Frage gestellt, weil die Transmission halachisch, d. h. nach dem jüdischen Religionsgesetz, nur über die Mutter möglich ist. Das titelgebende Zitat aus einem Interview, „ein ziemlich jüdisches Leben", fasst den Spannungsbogen sehr genau: Aus halachischer Sicht gibt es nur eine eindeutige jüdische Zugehörigkeit, während von der Lebenspraxis her Mischformen existieren. Zugehörigkeiten können widersprüchlich, ambivalent oder partiell und damit „ziemlich" jüdisch sein. Die Überschneidungsbereiche zwischen jüdisch und nichtjüdisch sind dementsprechend konfliktiv.

Der Begriff Judentum wird hier eher zur Beschreibung des religiösen Gehalts verwendet, während Jüdischsein (analog Jewishness[3], Judéité[4]) jene variable soziale Konstruktion bezeichnet, welche die kulturellen, sinnlichen und emotionalen Aspekte von jüdischer Identität umfasst. In kulturanthropologischer Perspektive wird Jüdischsein als Teil der Kultur (jüdischer wie nichtjüdischer) gesehen. Mischehen und Übertritte eigenen sich als Forschungsgegenstand für jüdische Identitätskonstruktionen, weil an der Schwelle, an den Rändern „Identität"[5] besonders deutlich artikuliert werden muss, um die Unterscheidung zwischen innen und außen zu stabilisieren und Differenz zu markieren.[6]

Innerhalb der jüdischen Gemeinschaft werden eine Mischehe eingehende Personen oft mit dem Vorurteil konfrontiert, sie sei ein Zeichen ihres Desinteresses am Judentum, oder Mischehen werden sogar als Verrat am Judentum bezeichnet. Diese Untersuchung bestätigte aber die gegenteilige Annahme, dass in gemischten Beziehungen lebende jüdische Personen ihr Verhältnis zum Jüdischsein intensiv reflektieren und emotional hoch besetzen. Personen mit unsicherer oder gefährdeter jüdischer Legitimation, die entweder aus gemischten Beziehungen stammen (besonders wenn nur der Vater jüdisch

3 Shaje J.D. Cohen: *The Beginnings of Jewishness. Boundaries, Varieties, Uncertainties.* Berkeley: University of California Press 1999.

4 Albert Memmi: *La Libération du Juif.* Paris: Gallimard 1966.

5 Zur Politisierung des „ethnischen Paradigmas" als Identitätskonzept siehe Wolfgang Kaschuba: *Einführung in die Europäische Ethnologie.* 4., aktual. Aufl. München: Beck 2012, S. 139–140.

6 Fredrik Barth: *Ethnic Groups and Boundaries. The Social Organization of Culture Difference.* Bergen / Oslo / London: Universitetsforlaget 1969.

war) oder in gemischten Beziehungen leben, müssen ihr Jüdischsein viel mehr hinterfragen als solche, deren jüdische Legitimation unproblematisch ist.

Die Untersuchung, aus der hier Ausschnitte wiedergegeben werden, ist in einen multidisziplinär aufgebauten theoretischen Teil und einen Interview-Teil gegliedert. In einem großen Bogen werden zuerst die historischen, sozialen und religionsgesetzlichen Voraussetzungen zum Verständnis der Komplexität der Fragestellung aufgefächert. Da ohne Kenntnis des jüdischen Religionsgesetzes und seiner Handhabungsweisen der Konflikt der Akteure zwischen Halacha und modernem Rechtsverständnis nicht nachvollziehbar wird, werden die halachischen Übertrittsregulierungen und ihre Kontextualisierung seit der Aufklärung erörtert. Dabei wird deutlich, dass eine strengere und eine mildere Auslegung der Gesetze nichts mit der Permissivität unserer aktuellen Gesellschaft zu tun hat, sondern dass polare Interpretationsweisen zum Wesen der Halacha gehören. Das rabbinische Rechtsverständnis fußt auf einer anderen Auffassung von Gesetz und Autorität als das bürgerliche, was besonders in Bezug auf die Anerkennungspraxis zu Konflikten führt. Ein zweiter Strang erschließt aus qualitativen Interviews mit in der Deutschschweiz lebenden Personen in oder aus Mischehen, wie sie ihre jüdische Zugehörigkeit im Alltag aushandeln und weitergeben. Die Interviews wurden thematisch zusammengestellt und in mehreren Abstraktionsschritten mit den im Theorieteil erarbeiteten Befunden in Beziehung gesetzt. Auf den Forschungsstand und methodologische Fragen kann hier aus Platzgründen nicht weiter eingegangen werden.[7]
Im Folgenden werden anhand von einzelnen Vignetten einige Thesen aus der Untersuchung vorgestellt und diskutiert.

7 Zur Methodologie siehe Dreyfus: Mischehe oder Übertritt, S. 204–212. Die Geschichte und Kultur der Schweizer Juden sind relativ gut erforscht und wurden vielfältig dargestellt, wie 16 Bände der Schriftenreihe des Schweizerischer Israelitischer Gemeindebundes (SIG) bei Chronos in Zürich und einige Bände der Reihe „Jüdische Moderne" bei Böhlau (Köln / Wien / Weimar) zeigen.

Elternschaft als Dringlichkeitsfaktor

Wenn eigene Kinder da sind, stellt sich die Frage nach dem, was die Eltern ihnen weitergeben wollen, und damit wird auch die Frage nach der eigenen Identität auf neue Weise zugespitzt: Welche Werte, Normen, Traditionen und Zugehörigkeiten sollen in der neuen Familie gepflegt werden? Hier wird jüdischen Männern, die ihre Kinder gerne innerhalb des Judentums aufwachsen lassen würden und dafür auf den Übertritt ihrer Partnerinnen angewiesen wären, ihr für die Transmission ungenügender Status im Judentum schmerzlich bewusst. Die jüdischen Männer, die hier zur Sprache kommen, unterwerfen sich der Definitionsmacht der rabbinischen Autoritäten nicht mehr ohne weiteres, sondern sie stellen sie in Frage.

Der nachfolgend zu Wort kommende Pierre Baumgarten[8] und seine Frau Jasmin Crissier Baumgarten nahmen zusammen am Gespräch teil. Sie sind wie viele jüdische Paare ihrer Generation in der Schweiz gut gebildet, urban und weltläufig. Der traditionell jüdisch aufgewachsene Pierre Baumgarten kämpft darum, seinen Kindern eine jüdische Identität zu ermöglichen, auch wenn diese vermutlich von der Orthodoxie nicht anerkannt werden wird. Dass das nicht selbstverständlich ist, verletzt ihn sehr:

> Pierre Baumgarten (mit nicht-übergetretener Partnerin): Ich weiß nicht, ob es in dieses Kapitel reinpasst, aber ich glaube das ist, was mich am meisten verletzt hat, auch in diesen… in dem Judentum, in dem ich aufwuchs. Das ist… dass ich wusste, dass meine Kinder eigentlich nicht als jüdisch akzeptiert werden würden, das hat mich wirklich verletzt. Also das gehört zum Thema: was stört mich am Judentum, also in meinem jüdischen Umfeld, in dem ich aufwuchs, das Gefühl, das einem vermittelt wurde, dass eigentlich dein Kind nicht jüdisch ist. Das hat mich gestört, obwohl mir die Gesetze klar sind, aber… es hat mich gestört… und verletzt.

Drei Mal wiederholt Pierre Baumgarten in diesem kurzen Abschnitt, wie verletzt er sich durch die Unmöglichkeit fühlt, sein Jüdischsein selbst weiterzugeben. Hier wird das Judentum darauf fokussiert, wie es erlebt wird: Es ist kein Abstraktum, sondern das persönliche „jüdische Umfeld, in dem ich aufwuchs" – Eltern, Lehrpersonen, Freunde, Gemeindemitglieder. Ein verletzendes, ja diskriminierendes Gesetz, das die vorangegangenen Generationen nicht zu ändern versuchten, wird als willkürlich erlebt, die Umgebung, die es akzeptiert, als

8 Alle Personen wurden anonymisiert und mit fiktiven Namen ausgestattet.

enttäuschend. Seine nichtjüdische Partnerin ließ sich überzeugen, dass die gemeinsamen Kinder jüdisch aufwachsen werden. Er ist dann selbst „übergetreten", wie er an anderer Stelle selbstironisch anmerkte, von einer Einheitsgemeinde[9] in eine liberale Gemeinde, weil er sich mit seinem Wunsch dort aufgehobener und willkommener fühlte als in seiner Herkunftsgemeinde, an der er gefühlsmäßig aber noch hängt. Dort findet Familie Baumgarten Unterstützung für ihr Vorhaben und auch andere Familien in einer ähnlichen Situation.

> Pierre Baumgarten: Mir war vor allem wichtig, und das ist das zentrale Thema bei mir bis heute, für mich wäre es wichtig gewesen, dass meine Frau übertritt, wegen der Kinder. Und das ist immer noch, was mich am meisten beschäftigt! Ich finde, wir haben ein ziemlich jüdisches Leben, nicht weniger… als wenn ich mit einer jüdischen Frau verheiratet wäre! Wir feiern jeden Freitag Schabbat, wir feiern alle Feste – aber meine persönliche Angst, die sich wahrscheinlich nicht mit deiner deckt, für sie wäre es auch in Ordnung, wenn sich unsere Kinder nachher entscheiden/
> Jasmin Crissier / (murmelt unverständlich)
> Pierre Baumgarten: Vielleicht stimmt das gar nicht, ich muss gar nicht über dich sprechen, meine Angst ist vielmehr, ich möchte nicht… ich hoffe wirklich, dass meine Kinder sich weiterhin als jüdisch identifizieren, dass sie wissen, dass sie jüdisch sind und dass sie da hingehören und da ihre primären Wurzeln sind, dass sie das weitergeben wollen. Dass die Kette nicht unterbrochen wird. Das wäre mir wichtig. Da habe ich manchmal Angst, denn jetzt sind sie eigentlich in einem Schwebezustand, zumindest was die Definition von außen anbelangt.

Der Schwebezustand bezieht sich sowohl auf den religiösen Status der Kinder aus orthodoxer Sicht, als auch auf die noch nicht geklärte Frage, ob es diesem Elternpaar gelingt, seinen Kindern eine jüdische Identität zu vermitteln. Das hängt nicht nur von der paar- und familieninternen Dynamik ab, wie weit es möglich ist, die Konfliktlinien bezüglich der Religionszugehörigkeit von anderen vorhandenen Paarkonflikten (beispielsweise bezüglich Erwartungen, Werthaltungen etc.) getrennt zu halten, sondern auch von der Möglichkeit der Integration in einen größeren Familien- oder Gemeindezusammenhang.

9 Die große Mehrheit der ca. 17.000 Schweizer Jüdinnen und Juden sind Mitglieder von Einheitsgemeinden, die zwar über orthodoxe Rabbinate verfügen, welche nur orthodoxe Übertritte durchführen. Den Mitgliedern selbst wird aber die volle Freiheit bei ihrer Art der Religionsausübung überlassen. Die in der Schweiz zahlenmäßig eher unbedeutenden liberalen Gemeinden, die nicht durch den SIG vertreten werden, anerkennen ebenfalls keine vaterjüdische Transmission, für jüdisch aufwachsende Kinder ist ein Übertritt allerdings möglich.

Das gemeinschaftliche Feiern des Schabbat und von religiösen Festtagen ist in diesem Zusammenhang weniger von der religiösen als vielmehr von der sozialen Bedeutung her wichtig, als Weitergabe von Traditionen, die religiös fundiert werden und damit ein Mehr an Bedeutung erlangen. Diese Vermischung wird unterbewertet, wenn die soziale Komponente des Übertritts vernachlässigt wird. In amerikanischen Untersuchungen wurde auf die Bedeutsamkeit der Großeltern für die Integration in die jüdische Gemeinschaft hingewiesen.[10] Das Bild der Kette, die nicht unterbrochen werden soll, taucht an verschiedenen Stellen und bei mehreren Personen auf. Es bringt zum Ausdruck, dass die Einzelnen sich als Glieder eines größeren Ganzen fühlen, in dem jeder zählt. Gleichzeitig wird mit dem Bild der Kette auf eine zweite Bedeutungsebene hingewiesen: die der Einengung, der Fessel durch die große soziale Kontrolle und die hohen, unerfüllbar scheinenden Erwartungen, die an die Individuen gestellt werden.

Pierre Baumgarten ist sich nicht ganz sicher, ob sein Projekt funktionieren wird, ob seine Kinder sich als jüdisch identifizieren werden beziehungsweise ob sie auch von der jüdischen Gemeinschaft als Juden akzeptiert werden. Er führt dasselbe jüdische Leben, wie er es auch mit einer jüdischen Frau führen würde, im Alltag seiner Familie spielt die nichtjüdische Herkunft von Jasmin Crissier keine Rolle, aber für die Selbst- und Fremddefinition ist sie entscheidend. Auch dieser Punkt bleibt in der Schwebe, er hängt von vielen Faktoren ab, die Pierre Baumgarten nicht beeinflussen kann und denen er ausgeliefert ist. Ein- und Ausschlusskriterien der jüdischen Gemeinschaft werden nicht mehr durch eine mehr oder weniger feindliche Außenwelt definiert – wie im schlimmsten Fall durch die Ariergesetze des Dritten Reiches – sondern durch das orthodoxe Judentum, zu dem die gewünschte Selbstdefinition als Vater jüdischer Kinder in Abhängigkeit und Widerspruch steht. Außerhalb der haredischen[11] Enklaven

10 Silvia Barack Fishman: *Jewish and Something Else. A Study of Mixed-Married Families.* New York: American Jewish Committee 2001, S. 61; Arnold L Epstein: *Ethos and Identity. Three Studies in Ethnicity*, with a new introd. by Athena S. Leoussi. New Brunswick / London: Aldine Transaction 2006, S. 139–156.

11 Vom hebr. *charada*, dt.: Furcht, Schrecken. Nurit Stadler: *Yeshiva Fundamentalism. Piety, Gender and Resitance in the Ultra-Orthodox World.* New York / London: New York UP 2009, S. 4, gibt an (nach Jes 66,5): „Höret des Ewigen Wort, die ihr verschreckt vor seinem Wort". Ultra-Orthodoxe Gemeinden, welche die strikteste und

bildet die jüdische Identität nach der Emanzipationszeit nur einen Teil der individuellen, von der Umgebung ebenso geprägten und beeinflussten Identität, die außerdem instabil ist. Ob die Kinder dasselbe Zugehörigkeitsempfinden haben werden wie die Eltern, und was der Beitrag der Eltern (und der jüdischen Gemeinden) dabei sein kann, ist äußerst unklar und wird kontrovers diskutiert. Die von Pierre Baumgarten geäußerte Unsicherheit ist allerdings keine Eigenheit, die nur bei gemischten Familien zu finden ist, sondern eine generelle Folge der Integration in die Gesellschaft, wenn eine jüdische Identität außerhalb einer strengen, sich von der umgebenden Gesellschaft abschließenden Orthodoxie gesucht wird. Die einzige offizielle Antwort bezüglich der Sorge um die jüdische Besonderheit scheint der Aufruf zu mehr innerjüdischen Eheschließungen zu sein: Nach amerikanischen Vorbild machte sich der Schweizerische Israelitische Gemeindebund (SIG) auf der Delegiertenversammlung 2010 auf Antrag eines Delegierten die Förderung innerjüdische Ehestiftungen zur Aufgabe.[12]

Skepsis über das Gelingen von Übertritten trotz gleichzeitigen Drucks

In vielen Interviews spiegelt sich der Druck des jüdischen Mainstream zur Vereinheitlichung der Familien wieder: Nichtjüdische Partner, vor allem nichtjüdische Partnerinnen sollen übertreten, damit die Kinder problemlos als jüdisch gelten können.[13] Gleichzeitig formulieren die jüdischen Gesprächspartner eine dazu im Widerspruch stehende Skepsis über das Gelingen von Übertritten. Der Vorbehalt

umfassende Auslegung der Gesetze vertreten, mit rigider Geschlechtertrennung und möglichst minimalem Kontakt zur säkularen Welt. Der Terminus „ultra-orthodox" wird zum Teil als pejorativ angesehen und soll deshalb vermieden werden, umso mehr als mit „ultra" eine Steigerungsform von Orthodoxie angedeutet wird. Die haredischen Gemeinden stellen die rabbinische Autorität über die Freiheitsrechte der Individuen. Samuel C. Heilman: Haredim. In: *Encyclopaedia Judaica*, Bd. 8, hrsg. v. Fred Skolnik. Detroit: Macmillan Reference USA ²2007, S. 348–351.

12 Rico Bandle: Die Angst der Juden vor der Selbstauflösung. In: *Tages-Anzeiger* 18.05.2010; Gisela Blau: Zurück nach Anatevka? *Tachles* 18.6.2010. Laut SIG-Jahresbericht 2012, S. 17, wurden fünf Anlässe für junge Erwachsene zwischen 25 und 40 organisiert, im Jahr 2011 waren es laut Jahresbericht, S. 15, vier Anlässe – teilweise in Zusammenarbeit mit anderen Veranstaltern.

13 Siehe auch Fishman: *Something Else*, S. 9.

bezieht sich nicht etwa auf eine mangelnde Bereitschaft der jüdischen Gemeinschaften, übertretende Frauen zu integrieren, sondern auf die Vorstellung, dass Sich-jüdisch-fühlen nicht lernbar sei, wenn man selbst keine jüdische Kindheit hatte.

> Interviewerin: Was denken Sie zu Übertritten?
> Rachel Blum: Von christlich zu jüdisch? Ich denke, das Judentum definiert sich bei mir nicht nur rein über die Religion. Sondern es definiert sich auch über was man... vom Gefühl, von der Kindheit, mitbekommen hat. Ich glaube, wenn man übertritt, ist das für mich eher auf der Ebene des Intellektuellen, und das Judentum, das aus dem Gefühl, aus dem Bauch herauskommt, das kann man... irgendwie, nur, oder eher nur, mit der Muttermilch aufnehmen. Ich glaube, ein Übertritt ist durchaus möglich, aber... [...] Für mich, vielleicht ist es ja ein Vorurteil, aber für mich ist es eher etwas, das aus der intellektuellen Seite stattfindet.

Rachel Blum, die orthodox aufgewachsen ist, lebt in einer gemischten Beziehung. Sie fühlte sich zwar frei in der Partnerwahl, aber als die Kinder kamen, wollte sie ihnen eine jüdische Identität vermitteln und war bereit, die Verantwortung dafür allein zu übernehmen. Ihr nichtjüdischer Partner war damit einverstanden, es gab aber große Spannungen mit beiden Herkunftsfamilien. Rachel Blum ist skeptisch bezüglich der Vereinheitlichung von Familien durch Übertritte und glaubt, dass etwas „mit der Muttermilch" aufgesogen werden muss, damit es nicht nur über den „Kopf", sondern auch über oder in den „Bauch" geht. Damit ist eine von der frühesten Kindheit an im Alltag erfahrene und integrierte Haltung gemeint, die mit Jüdischsein beschrieben werden kann und die sich von einem „intellektuell" gelernten Judentum unterscheidet. Intellekt und Emotionalität werden einander gegenüber gestellt und es wird angezweifelt, dass ohne eigene Sozialisationserfahrung ein tiefer Bezug zum Judentum hergestellt werden kann. Das Bild ist das eines Babys, das adoptiert wurde und auf die frühe Liebesbeziehung mit der Mutter beim Gestilltwerden verzichten musste. Im Grunde wird den Übertretenden die Fähigkeit abgesprochen, sich mit dem Judentum so zu verbinden wie jemand, der jüdisch aufwuchs. In der Konsequenz heißt das, Judentum kann man lernen, Jüdischsein hingegen ist eine Erfahrung, mit der man aufgewachsen sein muss. Die These lautet: „Doing Jewish" ergibt nicht automatisch „Being Jewish". Auch von anderen Frauen, die ihre Kinder jüdisch erziehen, wurde die Frage gestellt, wie ohne eigene Erfahrung die Transmission von Jüdischsein möglich sei. Die komplementäre Befürchtung auf der Seite einer übergetretenen Mutter lautete, ob ihren Kindern dereinst mangelnder jüdischer Bezug vorgeworfen werde. Eine weitere Mutter jüdischer Kinder trat nicht über, weil sie dachte, dass sich an ihrer Identität nichts ändern würde durch einen Übertritt. Alle diese Frauen ringen um die Wichtigkeit der Beglaubigung durch das Rabbinat, das mit der sozialen Zuordnung als Mütter jüdischer Kinder nicht mehr zusammenhängt. Besonders ungerecht wird die Diskriminierung vaterjüdischer Kinder auf der Folie der Schoa gesehen.

Wahrscheinlich sind jüdische Frauen wegen ihres gesicherten Status als genetische Vermittlerinnen des Judentums besonders dazu in der Lage, eine gewisse Skepsis auszusprechen. In gemischten Beziehungen haben sie selbst auch mit Schwierigkeiten zu kämpfen, jenseits der rechtlichen Bestimmungen ohne jüdischen Partner „das Jüdische" emotional nachhaltig an die Kinder weiterzugeben. Aufgrund ihrer unanfechtbaren Status-Sicherheit als halachisch abgestützte Vermittlerinnen können sie sich ein Bewusstsein der Schwierigkeiten leisten.

Skepsis gegenüber der Authentizität von Übertritten auszusprechen ist schwierig, weil sie „politisch nicht korrekt" ist: Sie stellt die Toleranz in Frage, der das westeuropäische Judentum schließlich seine eigene Emanzipation verdankt. Das zeigt sich auch in der Vorsicht, mit der Rachel Blum ihre Aussage abschwächt, als sie diese als mögliches Vorurteil bezeichnet. Sie spricht jedenfalls nicht nur eine individuelle Vorstellung aus: An dieser Stelle wurde mehrmals in Interviews um Anonymität nachgesucht. Das zeigt, dass hier ein emotional schwieriges Gebiet angesprochen wird, das nur im Schutze der Anonymität betreten werden kann.

Toleranz und Verzicht

Toleranz als ethischer Wert wird in gemischten Beziehungen praktisch gelebt, stößt aber bei der Erziehung jüdischer Kinder an Grenzen, wenn Handlungen oder Rituale als eindeutig nichtjüdisch identifiziert werden. Das heißt, dass Toleranz leben immer auch Verzicht bedeutet und mit dem entsprechenden psychischen Aufwand verbunden ist. Es ist eine erhebliche Leistung, wenn es gelingt, damit kreativ umzugehen und keinen Groll über die Unausweichlichkeit des damit verbundenen Verzichts zu entwickeln.

Dies ist auch der katholischen Alice Hofstetter bewusst, die nicht zum Judentum übertrat, weil sie irritiert war über die Diskrepanz zwischen Traditionspflege und Glauben in ihrer jüdischen Umgebung. Sie unterstützt ihren Mann bei der jüdischen Erziehung der gemeinsamen Kinder:

> Alice Hofstetter: Es ist eine große Bereicherung die Interreligiosität, zwei Religionen, eine große Bereicherung, aber… es ist auch ein Verzicht, und ich habe… meine Religion klar zurückstellen müssen, es hätte nicht Platz auch noch dafür in unserem Alltag. […]
> Die Vorstellung, ich könnte ein schönes Weihnachtsfest ausrichten mit meiner Familie, so wie ich das gerne möchte, mit den ganzen damit verbundenen Gefühlen, das fehlt. Wir versuchen dasselbe an Chanukka zu machen, aber es ist natürlich nicht dasselbe, weil wir keinen… Wir haben meine christliche Familie nicht zu Chanukka eingeladen, wir laden jüdische Freunde ein, sonst wären es ein Haufen Christen an einem jüdischen Fest, das geht ja auch wieder nicht!

Chanukka ist nicht dasselbe wie Weihnachten, auch wenn zu beiden Festen heutzutage Geschenke für Kinder üblich sind und beide als Lichterfest im Dezember stattfinden. Es sind verschiedene Narrative, welche die Feste grundieren: Die Geburt Christi unter prekären Bedingungen als Markierung der Menschwerdung Gottes, und auf der anderen Seite die Wiedereinweihung des Tempels nach dem erfolgreichen Makkabäeraufstand gegen die Seleukiden (164 v. u. Z.), die als nationale Wiedergeburt gefeiert wird. Dabei soll ein Öllämpchen wunderbarerweise acht statt nur einen Tag gebrannt haben.[14] Zwei Religionen sind eine Bereicherung, sagt Alice Hofstetter, aber sie muss darauf verzichten, ein schönes Weihnachtsfest auszurichten für ihre Herkunftsfamilie. Schon das Wort „Christbaum“ darf ihr nicht über die Lippen kommen, sie stockt an der Stelle im Satz, sie unterbricht sich selbst, wohl damit ihr auch im Gespräch anwesender Mann es nicht als Vorwurf oder Klage interpretieren könnte, dass sie als jüdische Familie keinen Christbaum aufstellen können.[15]

14 1. Makk 4,36–59; 2. Makk 10,5–8. Das acht Tage dauernde Chanukkafest ist ein Halbfeiertag. Jeden Abend wird eine Kerze mehr auf dem Chanukkaleuchter angezündet. Moshe David Herr: Hanukkah. In: *Encyclopaedia Judaica*, Bd. 8, S. 331–334.

15 Das Aufstellen eines Weihnachtsbaums wird in der amerikanischen Literatur immer wieder als Lackmustest für die Zugehörigkeit erfragt, zuletzt in der unabhängigen Untersuchung des Pew Research Center: *A Portrait of Jewish Americans*. Findings from a Pew Research Center Survey on American Jews. Washington 2013, S. 80–115.

Dieses und andere Beispiele zeigen sehr anschaulich: Toleranz als Lebenspraxis ist mit der Aufgabe eigener Ansprüche unmittelbar gekoppelt. Ohne den Schmerz des Verzichtes zuzulassen, kann keine tolerante Haltung gelebt werden. Verzicht bedeutet hier konkret, die Gewissheit der eigenen Positionen aufzugeben zugunsten eines noch ungewissen Ergebnisses, eines Projekts in die Zukunft, das jedoch die Entstehung von etwas Gewünschtem als Potential in sich birgt.
Eine ähnliche, mit Verzicht verbundene Toleranz zeigt sich beim von Pierre Baumgarten scherzhaft sogenannten „Übertritt" aus der alten und vertrauten Einheitsgemeinde in eine liberale Gemeinde, wo die Frauen ungetrennt von den Männern beten und zur Tora aufgerufen werden. Seine weiteren Familienmitglieder sind nicht hier und auch seine Jugendfreunde mit ihren heutigen Familien oftmals nicht. Die „gerechte" Lösung schien zu sein, dass beide Partner an einem für sie je neuen, dritten Ort sind, an dem sie sich als Paar und Familie erst heimisch machen müssen.

Paradoxe jüdische Religiosität (Belonging without Believing)

Die befragten Personen stammen aus verschieden traditionellen Milieus und sind sehr unterschiedlich praktizierend. Es waren daher keine einheitlichen Antworten auf die Interviewfrage zu erwarten, ob die Gesprächspartner an Gott, an eine höhere Macht oder an die Offenbarung am Sinai glauben. Die Komplexität der Antworten bestätigte auch für jüdische Gesprächsteilnehmende die Hinweise auf die zunehmende „Unschärfe" von moderner Religiosität.[16] Beispielhaft dafür ist folgende Antwort von Pierre Baumgarten, der, wie erwähnt, ein „ziemlich jüdisches Leben" führt:

> Pierre Baumgarten: Ich bin da… ich zweifle, aber für mich ist das auch nicht so wichtig. Ich glaube wirklich, dass die jüdische Ethik und Religion… ist nicht so…. Ob man da an Gott oder so glaubt ist für mich dann ein bisschen sekundär. Ich glaube, man kann wunderbar jüdisch sein ohne dass man… fromm ist in dem Sinn, das ist der Vorteil unseres Glaubens (schmunzelnd).

16 Jörg Stolz et al.: Religiosität in der modernen Welt. Bedingungen, Konstruktionen und sozialer Wandel. Schlussbericht für NFP58, Lausanne 2011. http://www.unil.ch/issrc/page77251.html (Zugriff am 13.10.2011); David Voas: The Rise and Fall of Fuzzy Fidelity in Europe. In: *European Sociological Review* 25 (2009), S. 155–168.

Auch hier zeigt sich ein Paradox: Man kann wunderbar jüdisch sein, ohne zu glauben. „Fromm“ sein würde hier heißen, an „Gott oder so“ zu glauben als Voraussetzung dafür, die Gebote einzuhalten. Der „Vorteil unseres Glaubens“ ist also, dass man auch ohne Glauben jüdisch sein kann. Gewisse Gebote werden eingehalten, aber nicht alle, sondern nur ausgewählte: diejenigen, die mit „Kopf und Bauch“ vereinbar sind, sozial verträglich und der spezifischen Situation der Familie gerade angemessen erscheinen. Der Hinweis auf die ethische Dimension der jüdischen Religion endet in einem abgebrochenen Satz – zu komplex ist dieser Zusammenhang, als dass er in diesem Moment ausformuliert werden könnte.

Auf Fragen nach ihrem Glauben im Sinne von Religiosität oder Transzendenz ließen sich die Gesprächsteilnehmenden alle eher unwillig ein, ob es um den Glauben an Gott ging oder die Einhaltung der Gebote, und schon gar nichts anfangen konnten sie mit einem Grundpfeiler des Judentums, der Offenbarung am Sinai und dem Auserwähltheitsanspruch. Der Befund des Glauben ohne Zugehörigkeit, Believing without Belonging,[17] beschreibt den westeuropäischen Schwund der Kirchenmitgliedschaften. Hier ist es jedoch umgekehrt: Es handelt es sich um eine – höchst gebrochene („noch in der Weise jüdisch zu sein, wie man es nicht ist“)[18] – Zugehörigkeit zur jüdischen Gemeinschaft, ganz ohne oder jenseits vom Glauben. In der zunehmend religiös distanzierten Schweiz ist eine solche Konstellation sehr ungewöhnlich und offenbar schwer zu denken. Das zeigen auch die stereotyp wiederholten visuellen Darstellungen von ‚Kaftanjuden‘ mit Schläfenlocken in den Dokumentarfilmen zum Schweizer Judentum, welche der auf der sprachlichen Ebene der Filme behaupteten guten Integration zuwiderlaufen.[19]

17 Grace Davie: *Religion in Britain since 1945. Believing without Belonging*. Oxford / Cambridge: Blackwell 1994; Steven M. Cohen / Lauren Blitzer: Belonging Without Believing. Jews and their Distinctive Patterns of Religiosity – and Secularity. Selected Results from the 2008 Pew Forum U.S. Religious Landscape Survey. The Florence T. Heller JCC Association Research Center: http://www.fghjcca.org/publications/belonging_without_believing.pdf (Zugriff am 30.11.2013).

18 Franz Kafka: Brief an Max Brod, zit. n. Marthe Robert: *Einsam wie Kafka*, aus d. Franz v. Eva Michel-Moldenauer. Frankfurt am Main: Fischer, 1985, S. 38.

19 Die vom Schweizer Fernsehen SRF produzierten oder mitproduzierten Dokumentarfilme über Juden in der Schweiz behandeln alle das Thema Mischehen. Sie erwähnen zwar im gesprochenen Text, dass die Schweizer Jüdinnen und Juden gut integriert seien, bebildern diese Feststellung aber gleichzeitig mit haredischen

In der angelsächsischen wissenschaftliche Literatur wird wegen der Nichtübereinstimmung von Glauben und Zugehörigkeitsgefühl oft zwischen einer ethnischen und einer religiösen Zuordnung zum Judentum unterschieden, was zwar nachvollziehbar, aber höchst problematisch ist, zumal damit je nach Standpunkt der Forschenden eine Entwertung der nichtreligiösen Komponente einhergeht.[20]

Viele nichtreligiöse Juden kommen bei der Frage nach dem Glauben auf die Ethik zu sprechen, die sie mit dem Judentum verbinden und auf die sie stolz sind. Auch ohne Transzendenzbezug fühlen sie sich mit einer im Respekt vor dem Anderen konkretisierten jüdischen Ethik verbunden.

Die Gretchenfrage „Nun sag, wie hast du's mit der Religion?" aus Goethes Faust[21] berührt im Innersten die Lebensgestaltung der Familien, die Kindern eine jüdische Erziehung geben wollen, auch wenn sie die halachischen Voraussetzungen dafür nicht erfüllen. Sie suchen und finden Wege, wie sie ihrer Verbundenheit mit dem Jüdischsein Ausdruck geben können. Die Gesprächsteilnehmenden beantworten die Frage nach dem Glauben bei aller Unterschiedlichkeit alle mit einem Vorbehalt; die Frage ist ihnen ferner oder näher, sie äußern Zweifel, sie sprechen von der jüdischen Ethik oder sie reden im Konditional. Gleichzeitig betonen sie ihre Verbundenheit mit dem Judentum und lassen die Sehnsucht spüren, darin aufgehoben zu sein. Das Zugehörigkeitsgefühl ist eindeutig und stark, aber nicht ungebrochen. Man zweifelt und findet den Glauben sekundär, und in einer gemischten Beziehung müssen dann alle Seiten aus Toleranz auf liebe Gewohnheiten verzichten.

Personen – offenbar wären die integrierten Jüdinnen und Juden zu wenig als solche erkennbar. Siehe Dreyfus: *Ein ziemlich jüdisches Leben.*

20 Jacques Picard: Reden über Blondinen, Farben und Rassen. Kulturelle Herstellung sozialer Ungleichheit und Inszenierung kolonialer Körpermythen. In: Ueli Mäder / Laurent Goetschel / Simon Mugier (Hrsg.): *Soziale Ungleichheit und Konflikte*, Basel: Edition Gesowip 2012, S. 67–102; Steven. M. Cohen: Religiosity and Ethnicity: Jewish Identity Trends in the United States. In: Eli Lederhendler (Hrsg.): *Who owns Judaism? Public Religion and Private Faith in America and Israel.* Oxford / New York: Oxford UP 2001, S. 101–130; auf weiterführende Literatur verweist Richard Alba: On the Sociological Significance of the American Jewish Experience. Boundary Blurring, Assimilation and Pluralism. In: *Sociology of Religion* 67,4 (2006), S. 347–358.

21 Johann Wolfgang v. Goethe: Faust I. In: Ders.: *Werke*, textkr. durchges. v. Erich Trunz, Bd. 3. Hamburg: Wegner 1954, Vers 3415, S. 109.

Komplexe Zugehörigkeit und Defizitorientierung

In Ermangelung einer sicheren inhaltlichen Aussage darüber, was das Jüdische ausmacht, wird als gültige jüdische Praxis meist die Erfüllung der Gebote angesehen. Auch in Bezug auf Transmissionsfragen ist eine Anerkennung der Hegemonie der Orthodoxie[22] festzustellen, die im Widerspruch steht zum allgemeinen Bedeutungsverlust religiöser Werte und Autoritäten und zur Gleichstellung der Geschlechter. Der hegemoniale Anspruch auf das „richtige" Jüdischsein verschränkt sich mit einer Unsicherheit auf der Seite säkular sozialisierter Juden, die eine Annäherung an die jüdische Gemeinde suchen:

> Michael Hofstetter: Ich habe auch einen Weg hinter mir, ich hatte immer ausgeprägt das Wissen, und als Bub bereits einen gewissen Stolz, obwohl es nicht direkt einen Grund gibt, auf so etwas stolz zu sein, man ist es ja einfach, aber ich hatte das, ohne Frage. Aber, grad weil ich zuhause nicht so viel mitbekam, meine Mutter hat das mehr auf einer gesellschaftlichen Ebene abgehandelt, die hohen Feiertage, aber sonst wusste ich wenig, und ich habe mich in die Kreise hingezogen gefühlt, aber auch abgestoßen, durch mein Unwissen. Und als ich nach Zürich kam, fand ich, es ist mir wichtig, ich muss es in Angriff nehmen. Ich ging in die Synagoge, wir wohnten in der Nähe, und ich wusste nicht… wusste nicht was machen, nahm wahrscheinlich das Buch falsch in die Hand!

Michael Hofstetter, der selbst aus einer gemischten Beziehung stammt, fühlte sich angezogen und abgestoßen zugleich, er war durch sein Unwissen verunsichert. Wenn er sagt, dass er das Buch „falsch in die Hand" nahm, spielt er auf den grundlegenden Unterschied an zwischen Büchern mit lateinischen Buchstaben, die von links nach rechts gelesen werden, und hebräischen Büchern, die von rechts nach links gelesen werden. Die in der Synagoge für alle Benutzer bereitliegenden Gebetbücher nimmt man in diesem Sinne verkehrt herum in die Hand; die deutschen Übersetzungen laufen neben dem hebräischen Text sozusagen von hinten nach vorne mit. Es ist aber wohl eine groteske Übertreibung, dass Michael Hofstetter nicht einmal über diesen fundamentalen Unterschied Bescheid gewusst haben will. Er sagt mit dieser Zuspitzung, wie sehr er das Gefühl hatte oder bekam, er mache es falsch. Das Bemerkenswerte dabei ist, dass er – und auch andere Personen – ihre „Fehler" viele Jahre später, wenn auch nur en passant, immer noch erwähnen. Das Gefühl

22 Adam S. Ferziger: *Exclusion and Hierarchy. Orthodoxy, Nonobservance, and the Emergence of Modern Jewish Identity.* Philadelphia: Cambridge UP 2005; Stadler: *Yeshiva Fundamentalism.*

ist offenbar sehr stark, man müsste es eigentlich bereits wissen, man müsste über das ‚Know-how' schon verfügen. Es gibt also auch bei hauptsächlich säkular aufgewachsenen, liberal lebenden Juden die latente Vorstellung, um nicht zu sagen den Mythos, „richtig" Jüdischsein bedeute, dass man sich auskenne und nichts mehr dazu lernen müsse oder sollte. Viele Gesprächspartner sagten zuerst, sie machen „nichts", aber bei genauerer Betrachtung stellte sich heraus, dass sie „ziemlich" jüdisch leben. Sie entwerten ihr eigenes Tun, weil sie es an der Richtschnur einer strengeren Orthodoxie messen. Richtig wäre es vielleicht, wenn man Jüdischsein „mit der Muttermilch" aufgesogen hätte und es stünde einem einfach ohne Aufwand zur Verfügung. Möglicherweise können aber nur Personen von ihrer anscheinenden früheren „Unbedarftheit" erzählen, gerade weil sie diesen Mythos überwunden haben und den Aufwand auf sich nahmen, sich lernend mit dem Judentum auseinanderzusetzen.

Diskussion der Befunde:

Drei generationelle Deutungsmuster[23] wirken als Herausforderung für die Weitergabe jüdischer Traditionen: Die Gleichstellung der Geschlechter, die Infragestellung von religiösen Autoritäten und die Schoa als Zivilisationsbruch. Diese drei Muster werden im Folgenden kurz skizziert.

a) Die Gleichstellung der Geschlechter tangiert die Weitergabe des Judentums über die Mutter sehr direkt. Jüdische Väter fühlen sich diskriminiert, umso mehr, als sie sich durch die vermehrte Übernahme häuslicher Pflichten und erzieherischer Aufgaben durchaus in der Lage fühlen, „ein jüdisches Heim" zu führen. Das war bis jetzt das Privileg und die Aufgabe der Frau, mit der sie dafür entschädigt wurde, von den zeitgebundenen Geboten, und das heißt auch von Privilegien wie ihrer Teilhabe am Quorum der Betenden[24] usw.

23 Ulrike Jureit: Generation, Generationalität, Generationenforschung, Vers. 1.0. In: *Docupedia-Zeitgeschichte*, 11.02.2010. http://docupedia.de/zg/Generation?oldid=84611 (Zugriff am 02.07.2013).

24 Seit der rabbinischen Zeit wird dem Gebet im Quorum eine große Bedeutung beigemessen. Die Erfüllung dieser Verpflichtung hat einen höheren Stellenwert als das freiwillige Gebet, siehe: Valérie Rhein: „Das Gebet des Menschen wird nirgends als im Bethause erhört." Die jüdische Frau in Religionsgesetz und -praxis. In: *Judaica* 63,4 (2007), S. 306–343.

ausgeschlossen zu sein. Der Wunsch nach Gleichstellung jüdischer Väter bei der Transmission des Judentums ist eine vielleicht überraschende Folge der Gleichstellungsbewegung.
b) Die Infragestellung von Autoritäten und Distanzierung von Religion seit den siebziger Jahren: Analog zur Mehrheit der Schweizer, die religiös distanziert sind, wollen jüngere Interviewpartner selbst bestimmen, ob und welche religiösen Vorschriften sie einhalten,[25] ohne ihren Anspruch an die Zugehörigkeit aufzugeben. Das bedeutet, dass die Autorität der Rabbiner als „Gatekeeper" ins Judentum abnimmt und somit Anerkennungsprobleme in Kauf genommen werden müssen.
c) Nicht nur für die Überlebenden und ihre Nachkommen ist die Schoa als Zivilisationsbruch bedeutsam.

Die Unmöglichkeit, einer jüdischen Zuschreibung zu entgehen, produziert eine eigensinnige Solidarität auch bei den Verschonten: Sie kann als direktes oder indirektes Motiv für nichtjüdische Frauen gelten, ihre jüdischen Männer bei der jüdischen Erziehung zu unterstützen. Interessant, wenn auch möglicherweise ein Zufallsbefund ist, dass mehrere Gesprächspartnerinnen dieser Studie nach Europa, in die „neutrale" Schweiz zurückgekehrte Kinder deutsch-jüdischer Emigranten sind. Und weiter ist auffällig, dass Kinder oder Enkel von Verfolgten sich manchmal dem Judentum wieder annähern und damit eine Verbindung mit der Vergangenheit wiederaufnehmen.

Ausblick

Jüdischsein als Identitätskonstruktion und dynamisches Persönlichkeitskonzept unterscheidet sich von „Judentum" als religiöser Zuschreibung. Der Transzendenzbezug spielt bei den Interviewpartnern eine untergeordnete Rolle, viel wichtiger sind familiäre Traditionen und kulturelle Affinitäten. In der angelsächsischen Literatur werden diese Anteile als „ethnische" Zugehörigkeit bezeichnet und manchmal als folkloristisches ‚Kletzmerjudentum' abgetan. Der persönliche Standpunkt der Forschenden zeigt sich hier gelegentlich

25 David Plüss / Albert Portmann: Säkularisierte Christen und religiöse Vielfalt. Religiöses Selbstverständnis und Umgang mit Pluralität innerhalb des Christentums, Schlussbericht für NFP58, Bern 2011, http://www.nfp58.ch/files/downloads/NFP58_Schlussbericht_Pluess.pdf (Zugriff am 29.11.2013), S. 10.

in der Bewertung der Befunde.[26] Viele Forschungsdesigns dürften zudem davon beeinflusst sein, dass Forschung zum Thema jüdische Identitäten meist von jüdischen Organisationen in den USA in Auftrag gegeben werden mit dem Ziel, außer der Erfassung des Ist-Zustandes auch Material für strategische Entscheidungen zur Verfügung zu stellen. Nicht größtmögliche Distanz zum Erkenntnisobjekt stellt allerdings wissenschaftliche Objektivität sicher, sondern ein Prozess des Oszillierens zwischen Nähe und Distanz, der die Verarbeitung der eigenen Betroffenheit der Forschenden mit einbezieht.[27] Festzuhalten bleibt, dass in einer pluralistischen Gesellschaft alle „Jews by Choice" sind, oder, um mit Peter Berger zu sprechen, im häretischen Imperativ[28] dem Zwang zur Wahl unterworfen.

In allen Gesprächen wurde immer wieder ein Schuldgefühl spürbar, „zu wenig" zu machen oder nicht „richtig" jüdisch zu sein. Darin zeigt sich eine Identifizierung mit der Entwertung durch das haredische Judentum.[29] Zusammen mit dem Gefühl des Ungenügens und der melancholischen Grundstimmung deutet die Überhöhung der orthodoxen Hegemonie speziell in der Anerkennungspolitik auf die untergegangene Einheit hin zwischen jüdischem Leben und jüdischer Praxis *vor* der Emanzipation. Davon ist nur noch der Schatten[30] wahrnehmbar, der anstelle der Trauer über den Verlust der Einheit getreten ist, einer Einheit, die vielleicht nur illusionär war. Es wird nicht betrauert, dass mit der Emanzipation die Zeit der unangetasteten rabbinischen Autorität abgelaufen ist, sie überschattet noch die Eingangspforte ins Judentum, indem die rabbinische Autorität als Instanz der Zutrittskontrolle immer noch so zentral erscheint. Die Sehnsucht nach klaren Richtlinien und persönlicher Führung kann

26 Siehe auch Lila Berman Corwin: Sociology, Jews, and Intermarriage in Twentieth-Century America. In: *Jewish Social Studies: History, Culture, Society* 14,2 (2008), S. 32–60.

27 Der Religionssoziologe Hubert Knoblauch spricht davon, dass die Wissenschaft zu „methodischem Agnostizimus" neigen sollte, siehe Hubert Knoblauch: *Religionssoziologie*. Berlin: de Gruyter 1999, S. 15. Hierzu auch Georges Devereux: *Angst und Methode in den Verhaltenswissenschaften*. Frankfurt am Main: Ullstein 1976.

28 Peter Berger: *Der häretische Imperativ. Religion in der pluralistischen Gesellschaft*, aus d. Amerik. v. Willi Köhler. Freiburg i.Br.: Herder 1992.

29 Die praktizierende, von der säkularen Welt abgewandte Lebensweise wird als die einzig richtige für einen jüdischen Menschen gesehen, siehe auch Stadler: *Fundamentalism*.

30 Sigmund Freud: *Trauer und Melancholie* [1917]. *Gesammelte Werke*, Bd. 10. Frankfurt am Main: Fischer 1973, S. 427–446, hier S. 435.

nicht eingestanden werden, zu fragil sind die mit der Emanzipation gewonnenen Freiheiten. Deren Preis ist aber, dass die Unterschiede zwischen Jüdisch und Nichtjüdisch nicht mehr klar sind, und die Grenzen, wer und was jüdisch ist, verschwimmen. Würde in der Anerkennungspolitik ebenso „frei" und „modern" gedacht wie in anderen Bereichen, müsste von jüdischer Seite her tatsächlich neu definiert werden, was jüdisch sein heißt und was sein Spezifikum ist.

Approximate Answers to Baffling Problems

Issues of Identity in Mixed Jewish-Christian Families in France

Catherine Grandsard

Aspects of French Judaism

In France, the Jewish population is estimated at approximately 500,000 people, making it the largest in Western Europe and the third largest in the world after Israel (6 million) and the US (5.4 million). [1] Yet Jews are a small minority of the general population – less than 1 %. Ethnically, up until the Shoah, French Jewry was historically mostly made up of Ashkenazi Jews (from Alsace and Eastern Europe).[2] After Algeria's independence in 1962, 250,000 Algerian Jews – who had been made French nationals after 1870 – were *repatriated* to France. Many Moroccan and Tunisian Jews also moved to France in the following decades.

Today, about 70 % of the Jewish population in France is ethnically Sephardic.[3] Most synagogues are traditional Orthodox and congregations are often historically linked to specific communities and rites

1 Sergio Della Pergola: *World Jewish Population 2013*, Berman Jewish Databank. http://www.jewishdatabank.org/studies/downloadFile.cfm?FileID=3113 (accessed 28.09.2014). Della Pergola's precise estimate for the number of Jews in France in 2013 is 478,000, down from 500,000 in 2002, largely due to the steady number of French Jews leaving France each year since the beginning of the 21st century.

2 Approximately 300,000 Jews lived in France before World War II, of whom 77,000 were murdered during the Shoah.

3 Erik H. Cohen: Les résultats de la grande enquête sur les juifs français. In: *L'Arche* 538 (2002), pp. 54–73. Note that among children under 18 who define themselves as Jews, only 12 % also define themselves as Ashkenazi as opposed to Sephardi. See also Erik H. Cohen: *The Jews of France Today. Identity and Values*. Leiden: Brill 2011.

(Algerian, Turkish, Polish, Lithuanian). Ashkenazi Jews are mostly secular and go to synagogue once a year on Yom Kippur, often at the synagogue their parents or grandparents went to, regardless of whether the congregation has become ultra-Orthodox or Sephardic. On the other hand, Sephardic families mostly identify as *traditionalist*; in other words they are not necessarily observant but they often make Kiddush on Friday nights and celebrate major holidays, especially when immigrant grandparents are still alive.

A unique aspect of French Judaism is the existence of a centralized rabbinical institution created in 1808 by Napoleon, known as the *Consistoire* (Consistory). This organization trains and supervises rabbis and deals with personal status issues (marriage, divorce, conversions). In the years following the mass-arrival of Sephardic Jews, the Consistory became strictly Orthodox and conversions became and are currently very difficult. In France, Reform and Conservative (Masorti) synagogues are a very small minority. For example, in the Paris area, where a third of the Jewish population resides, there are eighty-three official Orthodox synagogues (affiliated with the Consistory) and sixty associated congregations[4], forty-two ultra-Orthodox Lubavitcher Chabad houses or synagogues, seven non-official ultra-Orthodox Haredi synagogues, and only seven Reform and two Conservative synagogues. Another unique aspect of French Jewry is that over 75 % of French Jews have family ties in Israel.[5] This fact contributes to a strong sense of Jewish identity among French Jews, regardless of religious practice or community involvement.

Intermarriage in France

Intermarriage rates are estimated at circa 40 % among Jews less than 30 years of age and among non-married couples living together; mixed couples are the majority (more than 80 %).[6] In recent decades, the rise of antisemitism has contributed to a large increase in the

4 A complete list can be found on the website of the Consistoire. http://www.consistoire.org (accessed 28.09.2014).

5 Cohen: Les résultats de la grande enquête sur les juifs français.

6 Ibid.

number of Jewish children attending private Jewish schools, most of which are Orthodox (affiliated with the Consistory).[7]

Research on intermarriage in the Jewish community is sparse and conducted mainly by sociologists, demographers, and social psychologists.[8] The focus has primarily been on:

- demographic trends within the Jewish population;
- sociological factors at work in intermarriage;
- identity and transmission in intermarriage; and
- the self-identity of offspring.

Researchers sometimes advocate for the preservation of Jewish identity or just the opposite: i.e. why does it matter if children of mixed marriages identify as Jews or not? Recommendations are formulated to community leaders accordingly, often advocating for a more "welcoming" stance towards mixed families in both educational and religious institutions.

The Consistory has largely remained deaf to such appeals. However, two programs, both geographically based in Israel, have been developed in recent years to encourage young patrilineal Jews to formally convert to Orthodox Judaism. Neither of these programs has been publicized, for fear of being interpreted as the active encouragement of intermarriage by official Jewish institutions.

Reform and Conservative (Masorti) congregations are more open to mixed couples (but neither perform mixed marriages) and to the offspring of intermarriage, including patrilineal Jews. In Conservative congregations, the latter are nevertheless required to convert formally

7 According to Cohen this figure lies at 25%. Cf. ibid., p. 60.

8 Mainly: Cohen, whose works have been cited above, Doris Bensimon, Séverine Mathieu, Joëlle Allouche-Benayoun. See for example Doris Bensimon / Sergio Della Pergola: *La population juive de France. Socio-démographie et identité.* Paris: Editions du CNRS 1986; Doris Bensimon / Françoise Lautman: *Un mariage. Deux traditions. Chrétiens et juifs.* Bruxelles: Editions de l'Université de Bruxelles 1977; Séverine Mathieu: *La transmission du judaïsme dans les couples mixtes.* Paris: Editions de l'Atelier 2009; Joëlle Allouche-Benayoun: Issus de couples mixtes, une identité à construire. In: Sophie Nizard (ed.): *La religion de l'autre.* Paris: L'Harmattan 2008, pp. 70–80; id.: Mariage mixte, parentalité, transmission. In: Sarah-Sonia Lipsyc (ed.): *Femmes et judaïsme aujourd'hui.* Paris: Editions InPress 2008, pp. 185–201; id.: La *téchouva* identitaire des descendants de couples mixtes. In: Martine Gross / Séverine Mathieu / Sophie Nizard (eds): *Institutions et identités religieuses à l'épreuve des reconfigurations conjugales et familiales.* Paris: L'Harmattan 2011, pp. 99–115.

in order to become fully recognized members of the community. It is worth noting that the concept of the 'patrilineal Jew' is non-existent in both research on Jewish intermarriage and in mainstream Jewish institutions. Though their number remains small, the inclusive stance of Reform and Conservative congregations has led to a dramatic rise in the affiliation of mixed families with these congregations.

An Ethnopsychiatric Perspective

My own research perspective is primarily clinical and aims at identifying, understanding, and finding solutions to the unique problems that may arise in mixed families. In France, no prior research had been conducted on this topic in the field of psychology. As a researcher and practitioner of clinical psychology, my field of specialization is ethnopsychiatry, a clinical approach that always seeks to understand the psychology of individuals through the lens of their culture, family, language, religion, politics etc. My doctoral research, supervised by Professor Tobie Nathan[9], focused on the psychology and psychopathology of "Judeo-Christian half-breeds,"[10] as I provocatively refer to children of intermarried Jews.[11] I include both patrilineal and matrilineal Jews in this 'category' for reasons I will explain later.
Ethnopsychiatric methodology has allowed me to avoid the sterile debate in the field of psychology regarding the effects of intermarriage on (in particular children's) mental health. When I set out to explore the literature on the topic of the offspring of Jewish-Christian intermarried couples, I discovered that the first generation of researchers who studied the topic, primarily in the United States in the late 1960s, set out to prove their hypothesis of a psychological vulnerability related to being the offspring of intermarriage. As intermarriage between Jews and Christians became more common in the US, most subsequent researchers, from the 1980s to this day, have worked towards invalidating the hypothesis of increased psychological

9 Tobie Nathan, Professor of Psychology, is the main figure in the field of clinical ethnopsychiatry in France. See, for example, Tobie Nathan: *Nous ne sommes pas seuls au monde.* 2nd ed. Paris: Seuil 2007; id.: *La nouvelle interprétation des rêves.* Paris: Odile Jacob 2011; id.: *Ethno-roman.* 2nd ed. Paris: Grasset 2014.

10 *Métis*, in French.

11 Catherine Grandsard: *Juifs d'un côté. Portraits de descendants de mariages entre juifs et chrétiens.* Paris: Seuil 2005.

vulnerability among children of intermarried parents. My own work is aimed at demonstrating that, when psychological problems among the offspring of Jewish-Christian parents arise during childhood or later in life, these problems find a very specific expression, in keeping with unique Jewish or Christian characteristics and with the historical and theological relationship between these two 'groups'. I paid special attention to membership or belonging criteria as defined respectively by Judaism and Christianity and the rationales behind them, which I will briefly review here. My basic premise is that Judaism and Christianity, as *systems* of culture and belief, are incompatible and even mutually exclusive. This objective fact, I argue, is at the root of potentially inextricable problems that exist in mixed families.

Who Is Jewish and Who Is Christian?

I use the terms 'membership or belonging criteria' in reference to the ways in which each group defines who belongs to a group and who does not. On the one hand, it is mainly family ties – biological relationships – that define Jewishness. A Jew is a Jew primarily by birth, not because he or she *chooses* to be Jewish. Of course, according to tradition, no Jew is automatically Jewish just because he or she is born of Jewish parents: a whole set of rituals and practices are required for the child to become fully Jewish. Nevertheless, even when no Jewish rituals are performed, even when the child is completely ignorant of Judaism, the legitimate status of being Jews of children born of two Jewish parents, is recognized by all Jewish institutions and by a majority of individual Jews.

On the Christian side, any person who has recognized Jesus Christ as his or her personal savior is traditionally defined as Christian. In other words, being Christian implies a strictly individual stance, a kind of *choice*.[12] Even though today many people identify as Christian due to family tradition rather than personal choice, in Christian theology, the concept of being Christian by birth or because of family ties simply does not exist. The Catholic ritual of baptism, performed when a child is still a small baby, is in effect temporary: when the child reaches the age of reason, he or she must confirm his or her faith

12 Strictly speaking, Christian faith is defined as a divine grace given to believers and not chosen by them.

in Jesus in his or her own name. Moreover, in the Protestant tradition, baptism is performed only when the individual has reached an age where he or she can decide for him or herself. I must emphasize the fact that, even though many French Gentiles no longer identify with the religion of their forebears, their understanding of religion and faith still follows the logic of Christianity, which they apply to Judaism – and all other religions for that matter – as do many Jews brought up in secular homes. This is the basis of many misunderstandings in mixed families.

Judaism and Christianity thus base their respective definitions of who is Jewish and who is Christian on opposite rationales. The relationship to God and to religion as defined by each 'system' is also informed by these rationales. So, for instance, the foundation of Christianity is individual faith as proclaimed in the Credo: 'I believe in One God, the Father, the Almighty, maker of heaven and earth…'. The relationship to God is primarily individual and personal and someone who does not believe is technically not – or no longer – a Christian. On the other hand, things are very different in Judaism, which is based on doing rather than believing, on performing the commandments (mitzvot) according to the biblical quote "Na'asse venishma": 'we will do and we will hear [in the sense that we will understand]'. Traditionally, every Jew is accountable for keeping the 613 mitzvot, regardless of individual belief, and a "delinquent" Jew – in other words one who does not observe the mitzvot – remains a Jew, even when he or she has embraced another religion. Furthermore, Jewish prayer and ritual are not based on individual faith but on family and community. Hence, when a married non-Jewish adult wants to convert to Orthodox Judaism, it is only possible if his or her non-Jewish spouse also agrees to convert.

When thinking about the relations between Judaism and Christianity as systems, another important and perhaps obvious fact to keep in mind is that, both theologically and historically, these relations have been antagonistic, to say the least. In Christian theology, through the sacrifice of his son Jesus, the 'new alliance' offered by God to every individual on Earth, regardless of gender, race or previous religion, was intended to replace the previous 'old alliance' between God and the Jewish people. In other words, the Jewish mode of belonging through family ties was rendered obsolete and Jews as such, separate from other nations, were expected to disappear.

So what?

My work aims to show how these oppositions play out in people's lives, particularly in the lives of intermarried couples and their children. In everyday life, these oppositions are translated into practices and rules: for example, for Jewish males, into the ritual practice of circumcision or the ritual obligation to marry and have children. In mixed couples, these opposite rationales are liable to clash, sometimes in very unexpected ways, often in the context of major life events. The birth of a child is one such life event, and a very significant one at that. To whom will the child belong? Which family? Which belief system? Which god? Non-Jewish partners or their parents are sometimes astonished when their completely secular Jewish partner or in-laws insist on having a newborn boy circumcised or when they become ill on the very day of the baby's Catholic baptism that both had previously agreed upon. Non-Jewish parents who agree to have a baby circumcised often experience a violent unexpected reaction after the circumcision[13]. Jewish partners themselves are often surprised by the imperious urge they suddenly feel to affiliate their child with Judaism, even though they may know very little or nothing at all about Judaism and have always primarily identified as citizens of the world. Thus, the question for mixed parents is what to choose for their children and which family lineage the children belong to.

Parental Strategies

In order to avoid conflict, a common parental approach among French intermarried couples is to put off choosing anything for the child and to wait until he or she is old enough to choose for him or herself. Although this approach is often based on the best intentions, in practice, it is in fact deceptive. Why? Because a 'delayed' choice is never truly neutral. Thus, by default, this stance favors the dominant culture, which in France has traditionally been Christian. A delayed choice is in effect already a choice, though an unrecognized one that

13 A good example of this is expressed in a post I found on the Internet (posted April 5, 2012): "Coming from a situation where my parents hold differing beliefs. I decided that my son have a bris milah due to his dads background. Since the bris i as a mother have felt such anger and had some nitemares of being smothered. Though my son is very happy." (The Half-Jewish Network. http://half-jewish.net/message-board/ (accessed 22.02.2015)).

leaves the question of the child's affiliation up in the air. A straightforward parental decision implies that the problem has at least been defined and discussed rather than avoided and put off until later. Unfortunately, it must be said that in the case of Jewish-Christian intermarriage, no choice is simple, precisely because the choice is between two antagonistic systems. Also, my research has taught me that regardless of what parents decide for their children, there is no guarantee that these children will stick to their parents' choices as they grow up, or that each partner, over time, will remain true to his or her initial stance or decision.

In terms of possible parental choices, I have encountered practically every possible configuration, ranging from delayed choices to the decision to affiliate the children with one side only, at times following the conversion of one parent to the faith of the other and, in extreme cases, hiding this fact and the converted parent's initial identity from the children. But I have also met people raising their children in both religions or, within the same family, raising some children as Jewish and others as Christian. None of these options are without problems.

The case of a young man named Daniel was undoubtedly one of the most surprising I came across.[14] When his parents married, they decided that all their future boys would be Jewish and all their girls Catholic even though the bride was Jewish and the groom Catholic. The couple, originally from North Africa, had many children: Daniel and his brothers were all ritually circumcised and later became *bar mitzvah*. His sisters, on the other hand, were baptized and raised as Catholics. When I interviewed him, Daniel, then in his early thirties, told me he had no idea why his parents had made such a decision but that he strongly identified as Jewish. Daniel himself was married to a non-Jewish woman and had a son he considered Jewish and had managed to have circumcised despite the fact that official Jewish institutions did not recognize his child as Jewish. In Daniel's mind, there was no problem. I was not sure this would also be the case down the line, for his six-year old son who had started lying to and about his parents, thus creating conflict between his mother and father.

Another example is Etienne, whose parents, a Jewish mother and a Catholic father, also from North Africa, decided to alternately raise

14 The following examples are taken from my book *Juifs d'un côté*.

their children Jewish or Catholic, not according to gender but to the order of their birth. The couple had two sons: the first was circumcised and raised as Jewish; the second remained uncircumcised and was baptized as a Catholic. According to Etienne, his grandfathers had negotiated this arrangement with each other and the couple had agreed. Unlike Daniel, however, after the birth rituals, neither brother was given a religious education.

In Alexander's family, on the other hand, it was decided that all the children would be Jewish. Alexander's mother, raised as a Protestant, first converted to Orthodox Judaism. Alexander and his siblings were raised as observant Jews. At home, the family ate kosher food, observed the Sabbath, and celebrated Jewish holidays. When I met him, Alexander, then a forty-year-old single male, had moved away from Judaism and now defined himself as a "citizen of the world". These examples illustrate the quandary interfaith parents face when trying to determine which identity and tradition to pass on to their offspring.

The Child's Predicament

From a child's perspective, I have often observed that the very notion of having a choice is violently rejected. Yet, at some point in these children's lives, their circumstances – who they choose as a life partner, who they themselves have children with – necessarily amount to making a choice, even when the notion of such a choice meets with strong resistance. This can lead to profound confusion, instability, and personal crisis.

However one looks at it, in mixed Jewish-Christian families, the issue of choice is always distorted simply because, as I said earlier, being Jewish is not a choice whereas individual acceptance is the very basis of belonging to any Christian denomination. This is probably why the idea of having to choose, of having the *option* to choose, is often experienced as unbearable by children of mixed couples, as it questions the core of their self-identity, especially when they identify as Jewish. My research has taught me that Jewish identity, at least among children of mixed families, is always experienced as an essence, a given – not a choice. If I must choose to be Jewish, than I must admit that I was not Jewish to begin with and that I cannot be Jewish like my father or mother was before me, which is the reason I am Jewish in the first place. Moreover, if I am not Jewish, then I must be something else… Why become Jewish then? Trapped in this vicious cycle, one's sense of self can falter and even crack. I remember the comment of a thirty-five year old man whom I met while he was trying to recover from a psychotic break: "I feel," he remarked, "that if I am forced to make a choice, half of my psyche will be amputated."

Yet down the line, in one way or another, children of interfaith parents cannot indefinitely avoid determining which side they mostly belong to. Such a 'choice', for lack of a better word, may not be deliberate or consciously made. However, as I have mentioned, life strategies and events always amount to choosing one side over the other, at least temporarily. For those whose 'choice' implies accomplishing specific rituals, such as circumcision for men, to name an important one, carrying out these rituals does not necessarily imply observing religious precepts after the ritual has been performed. I have met several men born of interfaith parents who decided as adults, often after a long period of soul-searching and social isolation, to voluntarily undergo the Jewish ritual of circumcision. This decision and its enactment marked a defining and liberating moment in their lives. Subsequently, several of these men fell in love with non-Jewish women, as many other Jewish men do these days.

I have deliberately chosen, so far, not to differentiate between children born of Jewish mothers and those born of Jewish fathers (matrilineal and patrilineal). In both cases, my research has convinced me that the potential identity problems remain the same for all the reasons I have described. However, there are big differences in daily experience, especially in the way these individuals are treated by mainstream Jewish institutions in France. It is definitely not the same thing to be born of a mixed marriage and to be living in France under a name such as Catherine Grandsard or Frederic Martin, as it is to live under a name like Lea Levy, Samuel Rosenblum, or Jeremy Abitbol. In the first case, though you are considered a legitimate Jew by official Jewish institutions (namely the Consistory), in every day life, because you are not immediately recognized as Jewish due to your surname – neither by Jews nor by non-Jews – you live a sort of covert life: *goy* outside, Jewish inside. Similarly, within the family, I have frequently observed that members of non-Jewish paternal lineage may violently reject any form of Jewish identification by children whose mothers are Jewish. 'Your mother was not actively Jewish when I met her so you are not Jewish either!' is the kind of statement non-Jewish fathers might utter when they discover one of their children 'feels' and identifies as Jewish.

On the other hand, children with a Jewish surname are identified as Jewish by the outside world – Jews and non-Jews alike – and yet are not recognized as such by traditional Jewish law. This can result in painful feelings of being an impostor, of being profoundly illegitimate. The obligation of having to undergo the process of a formal conversion to Judaism, like any *goy* who wants to become Jewish, even though you have a Jewish name and already feel completely Jewish, is often experienced by children of Jewish fathers as an overwhelming and unfair obstacle. Some of these children, when they reach adolescence or adulthood, are currently choosing to move to Israel as a way to deal with this feeling of illegitimacy.[15] They often, but not always, decide to convert to Orthodox Judaism in Israel, under the guidance of French speaking rabbis, to be rid once and for all of their painful sense of not being recognized as fully Jewish. Some go on to become strictly observant religious Jews, while others, once their conversion is officially accepted, move on to a more relaxed form of religious observance. As one woman put it, a patrilineal Jew who made *aliyah*[16] and later chose a Conservative conversion: "in Israel you can be Jewish even with no family around, and you can also be Jewish without being observant, because the country itself is Jewish!"

Concluding Thoughts

When I presented my book on children of intermarriage in Tel Aviv, an Orthodox Jew made the following comment: "Why do your interviewees [whose fathers are Jewish] insist on being Jewish? You can be a goy and be happy, you know!" Obviously, the man was right. Being born of mixed parents does not necessarily mean being unhappy or psychologically distressed. However, unexpected and sometimes very painful complications can arise, often associated with important

15 See Catherine Grandsard: Israel, a Therapy for Children of Judeo-Christian Mixed Couples? In: *Proceedings of the 2012 IAJGS Conference*, vol. 4: Thematic Lectures and Methodological Workshops. Paris: Cercle de Généalogie Juive 2014, pp. 173–177.

16 This Hebrew expression refers to Diaspora Jews who decide to move to Israel.

life events, with profoundly upsetting long-term life choices or with those of family members. In such moments, being prepared to experience such upheavals, or at least being in a position to understand where they are coming from, can go a long way in making life a little less confusing and/or painful.

As for the identity – and especially the Jewish identity – of children of intermarriage, it never entirely depends on their parents' or grand parents' educational efforts. At best, parents or grandparents can facilitate the expression of their children's or grandchildren's Jewishness. They can provide an environment that will encourage their child's Jewish identity to flourish. Jewish institutions can obviously help in this respect by facilitating early exposure to the Torah and to the practice of Judaism. Yet intermarried Jews should keep in mind that no matter how hard they try, there is no guarantee their children will 'turn out' Jewish when they grow up. Because no matter how hard they try, their children have blood ties to another lineage and another tradition.

During a conference in Paris, the great Talmudic scholar Adin Steinsaltz was asked to define who was Jewish. Without the slightest hesitation, his answer was: "Someone who has Jewish grandchildren!"

Beyond Ethnicity

The Role of the Mixed-Origin Family for Jewish Identity: A Polish Case Study

Adrian Wójcik / Michał Bilewicz

Contemporary Jews in many countries become linked with one another through a "bond of choice" rather than through a "bond of fate." This choice-defined concept of identity deserves research, in order to assess the potential consequences of such processes for contemporary Jewish communities and the involvement of their members. This article will specifically focus on forms of identity and the involvement of Polish Jews' varying ancestral situations on the construction of identity (paternal Jewishness, maternal Jewishness, biparental Jewishness, conversion).

According to the religious laws of halakha, a person's Jewish status is determined by the Jewishness of that person's mother (Shulchan Aruch, EH 4:19). Orthodox and Conservative Judaism currently uphold this matrilineal definition of Jewishness, although Reform and Liberal Judaism tend to also accept people who have Jewish roots on their paternal side. Patrilineality is also widely accepted in secular Jewish circles. All denominations of Judaism accept conversion as a means of entering the Jewish community.

Jewish communities traditionally opposed intermarriage. In the 1930s, most Jews lived in countries where intermarriage did not exceed 5% of the total marriages of Jewish people.[1] A recent study of Scandinavian Jews found that, although a slight majority of Jews in Sweden,

1 Shulamit Reinharz / Sergio Della Pergola: *Jewish Intermarriage around the World.* New Brunswick, NJ: Transaction 2009, pp. 26–27.

Finland and Norway think that 'a Jew should marry a Jew,' the vast majority would not oppose their children intermarrying.[2] In one of the largest urban Jewish population centers, New York City, intermarriages formed about half of all non-orthodox Jewish weddings in the period 2006–2011.[3] This process is particularly visible in Jewish communities in post-communist countries, where intensive secularization and assimilation processes took place after 1945.[4] In these countries, descendants of mixed families and converts to Judaism form a large proportion of Jewish community membership.

Acknowledging this new reality, one could ask about the consequences of such processes. Do Jews who are raised in religiously/ethnically mixed families identify less with the Jewish community? Are converted Jews more or less active in their communities? Is maternal ancestry related to higher religiosity? One of the rare studies that have looked into these processes is a study by Marlene de Vries,[5] who examined how the Jewish community in the post-war Netherlands has become tied by a "bond of choice" instead of by a "bond of fate." Her study shows that, although Jews with maternal ancestry are more often found among members of Orthodox congregations, other forms of Jewish activity are more often chosen by Jews without maternal background (non-halakhic).

In our study, we asked similar questions about the contemporary Jewish community in Poland. We wanted to determine whether Jews of maternal and paternal ancestry differ from each other – and from those Jews without Jewish ancestry who have converted to Judaism. We wanted to find out more about the identification, worldview and Jewish-related activity of these three groups.

Based on the psychological theory of the justification of effort,[6] one might expect converts to Judaism to express a higher level of

2 Reinharz / Della Pergola: *Jewish Intermarriage around the World*, p. 5.

3 Steven Cohen / Ron Miller / Jacob Ukeles: *Jewish Community Study of New York: 2011*. New York: UJA 2012, pp. 165–191.

4 Michał Bilewicz / Adrian Wójcik: Does Identification Predict Community Involvement? Exploring Consequences of Social Identification among the Jewish Minority in Poland. In: *Journal of Community & Applied Social Psychology* 20 (2010), pp. 72–79.

5 Marlene de Vries: An Enduring Bond? Jews in the Netherlands and Their Ties with Judaism. In: *Journal of Ethnic and Migration Studies* 32 (2006), pp. 69–88.

6 Elliot Aronson / Judson Mills: The Effect of Severity of Initiation on Liking for a Group. In: *The Journal of Abnormal and Social Psychology* 59 (1959), pp. 177–181.

identification, more satisfaction with being Jewish, and greater levels of activity within their groups. This would be the effect of the initiation procedures that they decided to go through as part of their conversion. Another crucial psychological theory, the social identity theory,[7] proposes that people whose position in a group is rather marginal express the highest levels of in-group attachment and involvement. Such a marginal status threatens their social identity, which can only be self-assured by way of extensive support for the group to which they belong. Based on this, one might expect that people with paternal linkages to Judaism would identify even more and more actively with the Jewish community – due to a lack of acceptance of their Jewishness among some Jewish people (those belonging to Orthodox congregations).

Psychological theories propose reasoning that seems to contradict a commonsensical understanding of intermarriage as a potential pathway towards dropping out of the Jewish community and complete assimilation of Jewish communities. Psychologists would suggest that the 'marginal' in-group members (such as recent converts or Jews with paternal Jewish ancestry) could become particularly important in the process of maintaining the culture and heritage of Jewish communities.

Study

The article at hand is based on a survey that was conducted in 2009 by the Union of Jewish Religious Communities in Poland in collaboration with the University of Warsaw. It is one of the very few quantitative studies of Polish Jews.

The main research questions that will be answered in this article are:

1. What are the main dimensions of Jewish identity?
2. Do these dimensions differ systematically between Jews coming from non-mixed and mixed family backgrounds?

7 Henri Tajfel: *Differentiation between Social Groups: Studies in the Social Psychology of Intergroup Relations. European Monographs in Social Psychology*. London / New York: Academic Press 1978; Bertjan Doosje / Naomi Ellemers / Russell Spears: Self and Social Identity. In: *Annual Review of Psychology* 53 (2002), pp. 161–186.

This article will be structured as follows: It begins with a short explanation of the sampling method used in the study. Next, different forms of Jewish identity in Poland will be described, followed by a description of the willingness of Jewish community members to engage in Jewish community activities. There will also be an analysis of whether coming from a mixed ethnic origin Jewish family influences the strength of Jewish identity as well as Jews' engagement in the Jewish community.

Sample

Due to difficulties in obtaining a representative sample of the Jewish community population, a non-probabilistic sampling method was used. We recruited one hundred and fifty participants using the e-mail database of the Union of Jewish Religious Communities in Poland and the subscribers of the Jewish weekly *Midrasz*. The participants filled out the questionnaire individually using either a paper (N = 87) or an Internet version of the survey (N = 63). The sampling method allowed us to include both religious and non-religious representatives of the Jewish community. The mean age of participants was 44.6 years. People less than 30 years of age made up 20 % of the sample, people of more than 60 years of age made up 10 % of the sample. Eighty percent of our respondents declared that at least one of their parents was of Jewish origin. Twenty percent of our respondents refused to declare their parents' ethnicity.

The sampling method probably influenced the results obtained in the study. Taking into account the specific group that was studied, the creation of another sampling frame was highly improbable. No central register of Polish Jews exists, which is a prerequisite for random sampling. Thus, the respondents' identification and engagement in the Jewish community were probably higher than in the general population of Polish Jews.

Ancestors' Origins:

One of the main aims of the study was to analyze whether there are significant differences between persons from families of mixed and non-mixed Jewish roots. Among our respondents,[8] the majority

8 Please note that the following numbers refer only to those respondents who declared the ethnic origin of their parents.

declared that only one of their parents was of Jewish origin (72.3 %) and 23.7 % declared that both of their parents were of Jewish origin. 50.8 % of respondents declared that their mother was Jewish; 50.4 % of respondents declared that their father was Jewish.

Different Forms of Jewish Identity:

Based on previous research, we made a distinction between two different typologies of Jewish identity. The first one is mainly based on the specific content of Jewish identity.[9] The second typology is embedded within a social psychology tradition and refers to more general forms of Jewish identity as proposed by social psychology.[10]

Contents of Jewish Identity:

Jewish identity is, of course, built around different issues. Jewish auto-identification may refer to biological, religious and cultural issues.[11] In previous research on the identity of Polish Jews it was found that one of the most important issues is sensitivity to anti-semitism and the Holocaust experience.[12] Still, younger generations of Polish Jews seem to base their identification on more cultural and religious aspects.[13]

Based on previous research, 10 issues related to Jewish identity were selected. They referred to biological, religious and cultural forms of Jewish identity (Table 1). Our participants were asked the question, "In your opinion, how important are the following issues for your

9 Marius Gudonis: Is Jewish Identity a Matter of Choice? The Case of Young Jews in Contemporary Poland. In: *European Judaism* 34 (2001), pp. 132–143; Erik Cohen: Jewish Identity Research: A State of the Art. In: *International Journal of Jewish Education Research* 1 (2010), pp. 7–48.

10 James Cameron: A Three-Factor Model of Social Identity. In: *Self and Identity* 3 (2004), pp. 239–262; Bilewicz / Wójcik: Does Identification Predict Community Involvement?

11 Erik Cohen / Vivian Klaff: Defining American Jewry from Religious and Ethnic Perspectives: The Transitions to Greater Heterogeneity. In: *Sociology of Religion* 67 (2006), pp. 415–438; Susan Glenn: In the Blood? Consent, Descent, and the Ironies of Jewish Identity. In: *Jewish Social Studies* 8 (2002), pp. 139–152.

12 Barbara Engelking: *Zagłada i Pamięć* (*Holokaust and Memory*). Warsaw: IFiS 2001, p. 8; Małgorzata Melchior: Jewish Identity: Between Ascription and Choice. In: *Polish Sociological Review* 109 (1995), pp. 49–60.; ead.: Threat of Extermination in Biographical Experience of the Holocaust Survivors. In: *Polish Sociological Review* 137 (2002), pp. 53–70.

13 Gudonis: Is Jewish Identity a Matter of Choice?

Jewish identity?" The scale ranged from 1 ("not at all") to 4 ("very important"). The mean for each item was calculated:

Item	Mean	St. dev.	Factor
Language (Hebrew or Yiddish)	2.50	1.04	R
Daily customs	2.67	0.95	C
Religion (Judaism)	2.81	1.07	R
Connection with Israel	2.86	1.02	C
Jewish symbolism (Star of David, Menorah)	3.02	0.95	C
Knowing other Jews	3.13	0.87	C
Culture (literature, music)	3.36	0.81	C
Ethnic Origin	3.37	0.83	B
Holocaust experience (own or that of ancestors)	3.54	0.81	C
Sensitivity to antisemitism	3.67	0.62	0.62

Tab. 1. "In your opinion, how important are the following issues for your Jewish identity?" Letters C, R, B refer to empirically identified dimensions of Jewish identity obtained in a Factory Analysis with Varimax rotation. Letters refer to the factor that primarily loaded the specific item. C refers to *cultural identity*, R refers to *religious identity* and B refers to *biological identity*.

All items were evaluated as rather important for Jewish identity. Mean scores exceed the scale's middle point (2.5). The perceived importance of specific items varied significantly. The most important were: sensitivity to antisemitism and the family's Holocaust experience. The issues perceived to be least important were: language and daily customs. These results confirm previous qualitative research that found that the feeling of Jewishness among Polish Jews is grounded mainly in their sensitivity to Anti-Semitism and the Holocaust.[14]

The Factor PCA Analysis with Varimax rotation was also performed in order to check the way that specific items were classified and to identify the major dimensions of Jewish identity as perceived by our respondents. A three-factor solution was obtained (see Table 1). The first major factor (eigenvalue = 3.22) was primarily loaded with 7 items related to cultural practices and a connection to Israel. The

14 Melchior: Jewish Identity: Between Ascription and Choice.

second factor (eigenvalue = 1.68) was mainly loaded with two items referring to religious practices and to the perceived importance of language. The third factor (eigenvalue = 1.02) was primarily loaded with a single item referring to ethnic origin. It was thus shown that a sense of Jewishness might be perceived in three different ways: in relation to cultural (first factor), religious (second factor) and biological categories.

Forms of Jewish Identity:

A broader framework of general social identity was also used in the study. One of the most influential models of social identity in socio-psychological research was proposed by James Cameron.[15] It distinguishes between three different dimensions of social identity:

- Ties – the extent to which group members feel 'stuck to,' or part of, particular social groups
- Centrality – the subjective importance of the group to self-definition
- In-group affect – specific emotions (i. e., being glad or regretful) that arise from group membership

The construct and the measure of social identity proposed by Cameron proved to be useful and reliable in a series of follow-up studies.[16]

In the study described, a 12-item scale adapted from Cameron's original work was used. Our participants were asked whether they agreed with following statements (see Table 2). The scale ranged from 1 ("not at all") to 5 ("totally agree"). The mean of each item was calculated.

15 Cameron: A Three-Factor Model of Social Identity.

16 Patricia Obst / Katherine White: Three-Dimensional Strength of Identification across Group Memberships: A Confirmatory Factor Analysis. In: *Self and Identity* 4 (2005), pp. 69–80.; iid.: An Exploration of the Interplay between Psychological Sense of Community, Social Identification and Salience. In: *Journal of Community & Applied Social Psychology* 15 (2005), pp. 127–135; Elvira Cicognani: Social Participation, Sense of Community and Social Well Being: A Study on American, Italian and Iranian University Students. In: *Social Indicators Research* 89 (2008), pp. 97–112.

Item	Mean	St. dev.
Ties – general score	**3.77**	
I have a lot in common with other Jews.	3.76	1.07
I feel strong ties to other Jews.	4.05	1.07
I find it difficult to form a bond with other Jews[R].	2.49	1.21
I don't feel a sense of being "connected" with other Jews[R].	1.83	1.06
Centrality – general score	**4.09**	
Overall, being a Jew has very little to do with how I feel about myself[R].	2.17	1.38
The fact that I am a Jew rarely enters my mind[R].	1.94	1.19
Being a Jew is an important reflection of who I am.	4.04	1.16
In my everyday life, I often think about what it means to be a Jew.	4.44	0.90
In-group affect – general score	**4.32**	
In general, I'm glad to be a Jew.	4.27	0.95
I often regret that I am a Jew[R].	1.56	1.03
I don't feel good about being a Jew[R].	1.47	0.91
In general, I feel good about being a Jew.	4.10	1.04

Tab. 2. Forms of Jewish identity. Letter R stands for the reverse coding of the item. Means of three dimensions were computed with reverse coding of negatively formulated items taken into account. The Confirmatory Factor Analysis confirmed that the three-dimensional structure of the scale is reproduced by the data and that the scale is a reliable tool for analyzing the identity of the Jewish community in Poland.[17]

It is worth emphasizing that all of the major dimensions of Jewish identity were assessed highly by our participants. Mean scores for every one of the three theoretical dimensions exceeded the middle point of the scale (3). That means that respondents identified strongly with the Jewish community. That is not surprising when taking into account the way that the sampling method favored persons with a strong Jewish identity. Still, there was strong variability between different dimensions of identity. The identification of our respondents seems to have been based mainly on positive effects related to their Jewish identity. Also, Jewish identity seems to be central to

17 Bilewicz / Wójcik: Does Identification Predict Community Involvement?

their self-image. The mean centrality score is 4.09 – well above the middle point of the scale. The lowest score was achieved for the ties dimensions. Thus our respondents generally felt positive about their Jewishness; they perceived it as central to their identity, but at the same time their perceived similarity to other Polish Jews was relatively small.

Community Engagement

The strength and importance of identity is only one of the factors that predict whether the social group will survive in a broader social context. The other is members' engagement in common group activities. In one part of the study, behavioral intensions towards the Jewish community were analyzed. Our respondents were asked what their plans were for the future in relation to their Jewish identity. The scale ranged from 1 ("not at all") to 5 ("totally agree"). The mean for each item was calculated.

Item	Mean	St. dev.	Factor
emigrate to Israel	2.41	1.13	RG
have a Jewish wedding	3.18	1.43	RG
I want my children to have a Jewish wedding	3.44	1.23	RG
find a Jewish partner	3.52	1.29	RG
I want my children to go to a Jewish school	3.54	1.27	RG
participate more often in religious ceremonies	3.55	1.37	RG
be buried at the Jewish cemetery	3.82	1.29	RG
participate more often in Jewish secular practices	4.30	0.89	S

Tab. 3. "What are your future plans in relation to your Jewish identity? Would you like to …?" Letters S, RG refer to empirically identified dimensions of Jewish identity obtained in the Factory Analysis with Varimax rotation. Letters refer to the factors that primarily loaded the specific item. RG refers to *religious and group sustaining practices*; S refers to secular practices.

It is worth noting that, once again, nearly all of the items were evaluated rather highly. The middle point of the scale was three and only one item scored below that level.

The Factor PCA Analysis with Varimax rotation was also performed in order to check how the specific items were classified and what the major types of community engagement were identified by our respondents. A two factors solution was obtained (see Table 3). The first major factor (eigenvalue = 4.50) was primarily loaded with 7 items related to both religious and group-sustaining practices. The second factor (eigenvalue = 1.01) was mainly loaded with a single item referring to secular practices. It was thus shown that the planned engagement in the Jewish community can be divided into two major categories: the first of them is related to religious and group-sustaining practices; the second is related to secular practices related to their Jewish identity.
The majority of the items were loaded onto the first major factor. That means that the differentiation between forms of engagement in the Jewish community is not highly pronounced. With one exception, engagement in the Jewish community takes an 'all or nothing' approach. Being engaged in religious practices enhances at the same time the desire to immigrate to Israel, to have a Jewish wedding and to send children to a Jewish school.

Do mixed Jewish origins matter?

It has already been shown that Polish Jews identify highly with their in-group. The remaining question was about whether being brought up in a family of mixed-origins influences the strength of identity and the declared willingness to engage in the Jewish community. In line with the theoretical introduction, it was predicted that respondents with mixed-origin backgrounds would identify and engage more strongly with the Jewish community. Identity cannot be based merely on ethnic origins and thus must be founded on other premises.
A series of regression analyses was performed to check this hypothesis. Table 4 shows a summary of this analysis. Having a Jewish mother and/or Jewish father were entered into the regression equations as separate factors. We hypothesized that, due to the Halakha, having a Jewish mother may influence the Jewish identity of our respondents more strongly.

	Father origin	**Mother origin**	**R^2**
Cultural identity	-0.06	0.08	0.01
Religious identity	0.02	-0.08	0.01

	Father origin	Mother origin	R^2
Biological identity	0.16*	0.25**	0.09
Ties	0.05	0.03	0.00
Centrality	-0.05	-0.04	0.00
Affect	-0.12	0.05	0.02
General engagement	-0.07	-0.01	0.01
Secular engagement	-0.17**	-0.01	0.03

Tab. 4. "Summary of the effects of having a Jewish father or a Jewish mother on identity and the willingness to engage in the Jewish community." The table contains standardized coefficients for the regression equation. (* $p < 0.05$; ** $p < 0.01$)

The results of the regression analysis show that having a mother or a father of Jewish origin only marginally influences the strength of Jewish identity. Most of the results showed that the predictive power of having a Jewish father or mother was low and insignificant. Two exceptions were biological identity and secular engagement. Both having a Jewish mother and having a Jewish father influenced the perceived importance of ethnic origin as a base for Jewish identity. Still, having a Jewish father was related to a lower willingness to engage in the secular practices of the Jewish community.
We also checked whether having one or two parents of Jewish origin influenced different forms of Jewish identity as well as the willingness to engage in Jewish community activities. We repeated previous analyses. But this time, the only predictor entered into the regression equation was a dummy variable for being of mixed origins (one Jewish parent only) or from a non-mixed origin family (two Jewish parents). The variable was coded 1 for one Jewish parent and 2 for two Jewish parents. The summary results are in Table 5.

	No. of parents	R^2
Cultural identity	0.05	0.00
Religious identity	0.08	0.01
Biological identity	0.03	0.00
Ties	0.05	0.00
Centrality	-0.19†	0.04

	No. of parents	R^2
Affect	-0.24*	0.06
General engagement	-0.26*	0.07
Secular engagement	-0.06	0.00

Tab.5. "Summary of the effects of different types of family origin on identity and the willingness to engage in the Jewish community." The table contains standardized coefficients for the regression equation. (†$p < 0.01$; *$p < 0.05$)

The respondents from mixed and non-mixed Jewish families did not differ significantly in cultural, religious and biological identity. Levels of willingness to engage in the secular practices of the Jewish community as well as the ties subscale of identity were also comparable between the two groups. However, respondents from non-mixed Jewish families showed significantly lower levels on the centrality and affect subscale. At the same time, they also declared a lower willingness to engage in Jewish community activities. Thus, our introductory hypothesis was confirmed. Respondents from Jewish families of mixed origins expressed relatively higher levels of Jewish identity. They perceived it as something more central to their personality and they also assessed their feeling about being a Jew more positively. They also assessed their willingness to engage in the Jewish community as higher.

Summary

The study presented suggests that the pure fact of having a mixed-origin family background does not pose a danger to the Jewish community in Poland. On the contrary, Jews of mixed family origins identify more strongly with their in-group. They also tend to engage more in Jewish community activities. The observed revival of Jewish life and the Jewish community in Poland since 1989 may therefore be explained by socio-psychological factors that motivate members of the Jewish community to take part more actively for the sake of its preservation. Many of these actions were initiated by people who had mixed family backgrounds and who chose to actively preserve their Jewishness. In the near future, this state of affairs will probably continue. The Jewish community in Poland is relatively small and the rate of inter-marriage is high. Still, our research suggests that this does not mean that the Jewish community in Poland will vanish and that its members will forget about their roots. On the contrary, the results suggest that the community will be preserved and that its members will create new Jewish identities in a more reflexive way. Coming from a mixed ethnic family means that a person needs to create his or her identity from scratch. It is a matter of choice and not of fate. Thus, new forms of Jewish life will probably arise but the Jewish community in Poland will certainly not perish.

Acknowledgments: The preparation of this paper were funded by grants from the Polish National Science Centre (NCN Preludium DEC-2011/03/N/HS6/03573, NCN Sonata DEC-2012/05/D/HS6/03431 and NCN Opus DEC-2014/15/B/HS6/03738).

The Relationship between Intermarriage and Jewish Identity in the United States

An Examination of Overall Trends and Specific Research Findings

Pearl Beck

Introduction

The American Jewish community's intense concern – some might call it a near-obsession – with intermarriage can historically be traced to a single statistic that emerged in 1990 in the National Jewish Population Study[1]. Specifically, this survey revealed that 52% of U.S. Jewish couples were intermarried. The institutional anxiety that resulted from this statistic (later found to be a slight overestimate) and the fears it raised about 'the disappearing American Jew' led to a multitude of ambitious and far-reaching programs aimed at 'continuity', whose implicit goal was to prevent intermarriage.

Nearly a quarter of a century later, the American Jewish community's interest in intermarriage has not waned but the public policy implications are no longer as clear-cut as they were in the 1990s. One dramatic example is that the word 'continuity' has fallen out of favor. Of course, there is little disagreement that the American Jewish community aims to perpetuate itself and to remain a strong and influential force in American life. However, consensus is lacking with regard to the 'whys' (e.g., the reasons for the continuation of the American Jewish community) and the 'whats' (e.g., how Jewish life should be expressed) surrounding the issue of continuity.

1 *National Jewish Population Survey*: New York: Council of Jewish Federations 1990.

This paper charts some of the research that has guided the evolution of the American Jewish communal approach to intermarriage. It draws upon in-depth national and community studies that calculate intermarriage rates overall and for various sub-groups and highlights the differences between in-married and intermarried families regarding their Jewish identification and Jewish connections. It also describes the complex Jewish identities of young adults who grow up in intermarried families as well as child-rearing challenges faced by intermarried couples. The paper concludes with a discussion of programs that have met with some success in connecting intermarried families with Jewish experiences and Jewish life.

Intermarriage Rates: Trends and Correlates

Over the past 40 or so years, the numbers tell a story that is undeniable: According to the 2013 Pew Research Report,[2] the overall intermarriage rate has increased in the United States from 17% of couples prior to 1970 to 58% of couples who were married between 2005 and 2013. This constitutes an increase of 240%. Similarly, if we just focus on the New York area, which generally has lower rates of intermarriage, we find that the rate of intermarried couples has increased from 12% prior to 1970 to 50% during the 2006–2011 period, an increase of 316%. Current rates of intermarriage in the United States vary significantly depending on factors such as a person's Jewish denomination, a person's type of Jewish identification, whether or not a person's parents were intermarried, and by geographical area.

2 Pew Research Center: *A Portrait of Jewish Americans. Findings from a Pew Research Center Survey of U.S. Jews.* Washington, D.C.: Pew Research Center 2013. The 2013 Pew Report is generally seen as a replacement for the National Jewish Population Study, which had not been conducted since 2000–2001 (the national studies were previously conducted by the national Jewish federal umbrella organization, currently known as the JFNA – the Jewish Federations of North America). However, in the interim many local communities have conducted in-depth population studies from which much useful data on intermarriage can be derived. The largest of these studies was the Jewish Community Study of New York 2011, sponsored by the New York UJA Federation, which was based on a sample of 5,993 interviews (in comparison, Pew's sample was 3,475). For this reason – and also because the author was a member of the Jewish Community Study of New York 2011 research team – many of the examples provided will derive from the New York study.

Jewish denomination is probably the variable that is most strongly correlated with intermarriage rates. Intermarriage is particularly rare among those who identify as Orthodox. According to the Pew Report, only 2 % of Orthodox Jews are intermarried.[3] Among married Jews, 27 % of the spouses of people who identify as Conservative are not Jewish, as are 50 % of the spouses of those who identify as Reform. The percentage of intermarried couples among those who do not identify with any Jewish denomination is particularly high: 69 %. However, intermarriage rates are lower for those who are synagogue members than among those who are 'self-defined' members of a given denomination but are not synagogue members (in New York, for example, the intermarriage rate was three times as high among people who self-identified as Reform but were not synagogue members as for those who self-identified as Reform and were synagogue members).

In terms of Jewish self-identification, the Pew Report found that, among people who identify as 'Jewish by Religion', 45 % are married to Jews as opposed to only 21 % who do not identify as 'Jewish by Religion'. Growing up in an intermarried household is also highly correlated with intermarriage: Among married Jews with only one Jewish parent, a full 83 % are married to a non-Jewish spouse.

Geography and, specifically, Jewish density are also related to intermarriage in an almost linear fashion.[4] In large urban centers, where there are denser Jewish populations, intermarriage rates are lower, as Jewish partners are presumably easier to find in these locations. Thus, the intermarriage rate ranges from 72 % in Portland, Maine, to 55 % in the San Francisco area, 46 % in the Boston area, and 36 % in Cleveland. The overall rate of intermarriage in the U.S., according to Pew Report, is 44 %.[5]

3 According to the 2011 New York Jewish Community Study, only 1 % of the Orthodox Jews are intermarried. Pew Research Center: *A Portrait of Jewish Americans.*

4 'Jewish population density' refers to the proportion of all people who reside in a specific area who are Jewish.

5 Pew Research Center: *A Portrait of Jewish Americans.*

General Societal Trends Affecting Intermarriage Rates

Most importantly, the American Jewish community appears to be coming to terms with societal and cultural trends that are beyond its reach and that make resistance to intermarriage an extremely challenging – and possibly unrealistic – goal. The following are descriptions of several of the major trends as well as brief discussions of their impact upon intermarriage.

- *Fluid Boundaries*: Fluidity of identity seems to be a growing global phenomenon, whether in relation to traversing geographic boundaries as Thomas Friedman describes in *The World is Flat*,[6] or in relation to increasingly fluid notions of gender identity. Similarly, more people now feel comfortable identifying with a specific religion without having been born into it. For example, the New York Jewish Community study found that 5% of those who identified as Jewish did not have Jewish parents nor had they gone through a formal conversion process.
- *Hybridity*: Not only have boundaries become more fluid but individuals now also feel comfortable adopting elements from several disparate religious traditions. As Steven Cohen, Jacob Ukeles and Ron Miller have pointed out, "We also see more hybridity – that is, confluence of multiple traditions not only in households but even within individuals."[7] In fact, hybrid identity has become a source of pride for people who can trace multiple lineages. For example, there are Jews who practice Buddhism, do not see any contradiction between the two religions, and identify as 'JewBus.'[8] Similarly, in a study of young adults who grew up in intermarried families, which will be described later, a young woman whose mother was Italian and whose father was Jewish proudly referred to herself as a "Pizza-Bagel." On a community-wide level, in the 2011 New York Jewish Community study, 12% of Jewish respondents considered themselves "partially Jewish."[9]

6 Thomas Friedman: *The World is Flat. A Brief History of the Twenty-First Century*. New York: Farrar, Straus & Giroux 2005.

7 Steven Cohen / Jacob Ukeles / Ron Miller: *Jewish Community Study of New York. 2011 Comprehensive Report*. New York: UJA-Federation of New York 2012, p. 112.

8 Cf. Rodger Kamenetz: *The Jew and the Lotus. A Poet's Re-Discovery of Jewish Identity in Buddhist India*. New York: HarperCollins 1995.

9 Cohen / Ukeles / Miller: *Jewish Community Study of New York*.

- *Centrality of Personal Choice*: In their book *The Jew Within,* Steven M. Cohen and Arnold Eisen describe how "personal meaning" has become the "arbiter of people's Jewish involvement" and how it is "voluntarist in the extreme."[10] No longer can we assume that Jews feel bound by traditions and prescriptions. In fact, Jews no longer "need to take on any rituals with which one is uncomfortable, or associate with anyone who will challenge the Jewish choices one has made."[11] They describe how each Jew is "sovereign in relation to the tradition."[12] This notion of the 'sovereign self' captures the loosening of the communal social (and religious) norms that mostly prevailed until approximately 40 years ago.
- *Loose Social Ties*: Even among those who express no ambivalence about being Jewish, there is a growing unwillingness to connect in more traditional ways to Jewish organizations such as synagogues and schools. This loosening of formal social ties has been documented on a community-wide scale by sociologists. For example, in his book *Bowling Alone*, Robert Putnam describes the sharp decrease in civic involvement across a variety of activities, including Parent-Teacher Associations (PTAs) and bowling leagues.[13]
- *Increased Admiration for Jews within American Culture*: There is a growing trend among non-Jewish celebrities to marry Jews in elaborate and well-publicized Jewish weddings. Possibly the best-known example was the marriage of the daughter of former President Bill Clinton, Chelsea Clinton, to a Jewish man, Mark Mezvinsky. The groom appeared at the wedding at which a rabbi officiated, clad in a Jewish prayer shawl (*tallit*). According to an article describing this trend: "For the first time in the history of America, Jewishness – and not just the bagels-and-lox part – is aspirational. There's a Seder in the White House, and rabbis gave the invocation at the conventions of both major political parties […]."[14]

10 Steven M. Cohen / Arnold Eisen: *The Jew Within. Self, Family and Community in America*. Bloomington: Indiana UP 2000, p. 36.

11 Ibid., p. 37.

12 Ibid.

13 Cf. Robert Putnam: *Bowling Alone. The Collapse and Revival of American Community*. New York: Simon & Schuster 2000.

14 Rachel Shukert: Intermarried A-Listers and Us. http://www.tabletmag.com/jewish-arts-and-culture/113208/intermarried-a-listers-and-us (accessed 04.10.2012).

- *Lower Rates of Denominational Identification*: As identification with all social groups – including political parties, consumer brands, nations, and communities – has weakened in the U.S., so too has allegiance to religious denominations. The growing number of adult children of intermarriage has in itself spurred this trend: Among them, 65 % identify with no denomination or a minor denomination; the same is true of just 32 % of adult children with two Jewish parents. In addition to these pervasive 'secular trends' within American culture, there are also trends within the Jewish community itself that have had an impact on the increase in intermarriage.
- *Lower Conversion Rates*: Increasingly, the proportion of people who convert when they marry Jews has been decreasing. For example, overall, prior to 1955, approximately 40 % of those marrying Jews converted to Judaism. However, more recently it has been estimated that 15 % or fewer of intermarriages are conversionary. In fact, in the New York area in 2011, only 6 % of intermarriages involved a conversion, down slightly from 7 % in 2002. One of the reasons for this large decrease in the proportion of conversionary marriages is that conversion is no longer the *sine qua non* for acceptance into Jewish life. In fact, synagogues identified with the Reform and Reconstructionist movements have adopted explicit guidelines on how to be welcoming to intermarried families. In 2010, the Reform movement proposed that rabbis move away from dissuading Jews from intermarrying and instead find ways to encourage mixed-faith couples to be active in Jewish life, for example by creating special blessings for major life events such as weddings.[15] In fact, the successful implementation of these guidelines is reflected in the large number of Reform and Reconstructionist synagogues, whose membership rosters now comprise a substantial proportion of intermarried families. Even the Conservative movement, which has long held the line on intermarriage, is beginning to grapple with this issue and to propose ways to both adhere to *halachic*[16] standards while at the same time not alienating families in which one spouse is not Jewish. At a recent conference

15 Cf. Mark Tracy: Reform Movement Changes Intermarriage Strategy. Proposes Special Blessings Instead of Discouragement. http://tabletmag.com/scroll/27818/reform-movement-changes-intermarriage-strategy (accessed 09.03.2010).

16 *Halachic* are Jewish legal standards.

aimed at Conservative rabbis, several initiatives were proposed to make the denomination more hospitable to intermarried families, ranging from teachers being more respectful to the children of the intermarried to more controversial suggestions, such as allowing children with Jewish fathers and non-Jewish mothers to have *bar/bat mitzvahs* without undergoing formal conversions.[17]

Levels of Jewish Engagement among Intermarried Families Compared to In-Married Families

Like other sub-groups, the Jewish community is concerned about its future. Consequently, studies of the Jewish community are perused for any signs of diminution over time in Jewish behaviors and/or in Jewish identification. There is currently evidence that Jewish engagement is weakening not only among the intermarried but also among the in-married. However, this observed 'softening' is more substantial among the intermarried. For example, in 2011, 82 % of the in-married, compared with 52 % of the intermarried, reported that they "usually/always" light Chanukah candles (this compares to higher rates in 2002: 88 % for in-married and 65 % for intermarried).[18] Similarly, in 2011, 81 % of the in-married and only 46 % of the intermarried "usually/always" attended a Passover Seder (in 2002, levels for this behavior were higher too: 86 % for the in-married versus 58 % for the intermarried). Substantial differences between the two populations were also found on a variable that does not entail engaging in specific (ritual) behavior: the extent to which being Jewish was "very important" to respondents. When surveyed, 63 % of in-married respondents replied "very important" compared with only 21 % of intermarried respondents. Again, the number that said that being Jewish was "very important" to them decreased substantially in both populations from 2002.

17 Josh Kazis-Nathan: Conservative Rabbis Set to Debate Opening the Door to Intermarrieds. Proposal Is Part of Larger Movement to Welcome Non-Jews into Shul Life. http://forward.com/news/188511/conservative-rabbis-set-to-debate-opening-the-door/ (accessed 18.06.2015).

18 Cohen / Ukeles / Miller: *Jewish Community Study of New York*.

The Controversy Regarding the Meaning and Consequences of Intermarriage

Attitudes towards intermarriage differ sharply among various segments of the Jewish community, and they vary most dramatically among leading Jewish social researchers and policy makers. While some view the steady attrition in the levels of endogamous Jewish marriages as a serious and inadequately addressed crisis, others choose to see the situation as an opportunity for outreach, not substantially different from the types of outreach required to connect with less engaged Jews.

In 2013, Jack Wertheimer, a professor at the Jewish Theological Seminary, the flagship institution of Conservative Judaism, provided a scathing critique of the American Jewish community's response to intermarriage. He called the "acquiescence" and "outright enthusiasm" of American rabbis and lay-leaders in their accommodation of the reality of intermarriage not only a declaration of failure but also a "preposterous response" – one totally at odds with the engagement of Jews who do affiliate themselves with synagogues, Jewish schools, and organizations. According to Wertheimer, Jewish religious and communal leaders "diverted from their traditional role of encouraging families to deepen their connections to Jewish life into the unprecedented role of accepting, validating, and offering therapeutic counseling to families divided by religion [...] have largely adopted a formula out of the playbook of those urging an embrace of the status quo." [19]

Wertheimer argued that a policy of doing nothing to conceivably alienate intermarried families in fact only helped weaken their ties to the Jewish community. He cited research showing that efforts to accommodate such families had had no effect in bringing intermarried families closer to Jewish lifestyle and values. "The bottom-line fact is that in both religious and communal life, intermarried families participate at decidedly lower rates than their in-married counterparts,"[20] he wrote, citing the myriad of studies that have demonstrated the diminution of connection within this demographic. Yet even when there are large investments by proponents of outreach

19 Jack Wertheimer: Intermarriage. Can Anything Be Done? http://mosaicmagazine.com/essay/2013/09/intermarriage/ (accessed 18.06.2015).
20 Ibid.

to affect the next generation, "intermarriages are significantly less likely to produce adults who identify themselves as Jewish than are in-marriages."[21]

Wertheimer advocated "speaking openly to all members, in-married and intermarried alike, about the imperative to build a home with an unambiguous commitment to Judaism,"[22] and the need to view endogamous families as the Jewish ideal, "the best hope for transmitting a strong identity to the next generation."[23] At the same time, he advocated taking a "more assertive"[24] approach to intermarried families, one that demanded more of them.

In contrast, the opposing school of thought maintains that intermarriage need not automatically lead to negative Jewish outcomes. Proponents of this position insist that intermarried families who decide to raise Jewish children resemble other (non-Orthodox) Jewish families in many ways, including synagogue membership and supplementary school attendance. In their study comparing in-married and intermarried Jews within the Reform community, researchers concluded:

> Having in-married parents does not guarantee active engagement among Reform Jews, nor is having intermarried parents a definitive predictor of non-engagement [...]. [Rather] it is engagement and not intermarriage that presents both the greatest challenge and the most promising arena for intervention for Reform Jews and Reform Judaism. The flawed narratives of intermarriage that have dominated discussion need to be replaced by an alternative account of engagement. The new debate should focus on understanding and influencing the factors that motivate individuals and families, both in-married and intermarried households alike, to participate in Jewish life.[25]

Characteristics Associated with Greater Jewish Engagement among Intermarried Families

In recent years, researchers have tried to identify the characteristics that are related to intermarried families with stronger Jewish connections. From the 2011 New York Jewish Community Study we

21 Ibid.

22 Ibid.

23 Ibid.

24 Ibid.

25 Fran Chertok / Ben Phillips / Leonard Saxe: *It's Not Just Who Stands under the Chuppah. Intermarriage and Engagement.* Waltham: Brandeis University / Cohen Center 2008, pp. 23–24.

learned that only 15% of intermarried families belong to a synagogue.[26] In fact, intermarried families who were congregationally affiliated scored higher than intermarried families who were not congregationally affiliated on all indicators of Jewish engagement, from Chanukah candles, Passover Seders, Jewish charities and websites, to Shabbat meals. Surprisingly, these congregationally affiliated intermarried families even surpassed the Jewish behaviors of in-married Jews who did not belong to synagogues. But even among intermarried households that did not belong to synagogues, between one quarter and one third were engaged in Jewish activities they could do on their own, such as attending Jewish museums, contributing to Jewish charities, or visiting Jewish websites. Other variables that correlated with a strong connection to Jewish identity among intermarried families were having close friends who are mostly Jewish, being denominationally identified – especially with Orthodox or Conservative denominations – and sending children to Jewish preschools (there is also an interrelationship between each of these variables and synagogue membership).

Moving from Concern about Intermarriage to Support for Raising Jewish Children

As intermarriage is increasingly viewed as an inevitable consequence of living in an open society where personal choice trumps traditional prescriptions, the Jewish community's policy direction has shifted to address these realities. Rather than continuing to dwell on the causes of intermarriage and undertaking strategies to stem its occurrence, the focus is currently on understanding and addressing the consequences of intermarriage. Specifically, the emphasis is on providing the necessary support to intermarried families so that they will raise Jewish children (this paper's last section will describe some of the educational and programming efforts that are being implemented to achieve this goal). As so often happens when comparing the results of different demographic studies, there is no agreed-upon figure regarding the proportion of intermarried families who are raising Jewish children. However, with very few exceptions, there appears

26 Synagogue membership is a marker of a (relatively) high level of Jewish engagement.

to be agreement that only a minority of intermarried families is raising exclusively Jewish children.[27] For example, according to the Pew Report, 20 % of intermarried families are raising their children exclusively Jewish and another 43 % are raising their children "Jewish and something else."[28] The New York study found that 31 % of intermarried families were raising their children exclusively Jewish and another 11 % were raising them "Jewish and something else." By way of comparison, both the Pew and the New York study found that upwards of 96 % of in-married families were raising their children Jewish.

The Jewish Identity of Young Adults Whose Parents are Intermarried

In my study *A Flame Still Burns: The Dimensions and Determinants of Jewish Identity among Young Adult Children of the Intermarried*,[29] I took an in-depth look at the Jewish identity of young adult children of the intermarried. Specifically, I sought to answer the question: To what extent do the children of intermarried families identify as Jewish? The research was driven by a pragmatic agenda: to develop policy initiatives and strategies for engaging this population of young adults in Jewish life.

A combination of qualitative and quantitative methodologies was utilized to conduct an in-depth exploration into current Jewish identity and identity-shaping experiences of people in their 20s who grew up with one Jewish parent. Ninety people between the ages of 22–30 in San Francisco, Chicago, and Boston were interviewed and asked to fill out a brief survey. The study presented a textured portrait that revealed complex and multifaceted attitudes and behaviors. While it

27 As noted previously, much of the demographic research in the United States is being undertaken by individual communities. Because these studies often use different survey instruments, comparing research findings across cities is quite challenging and often impossible. For example, the Boston researchers asked, "In what religion is the child being raised?" without giving respondents opportunities to respond "Jewish and something else" or "undecided". This is one possible reason for Boston reporting a 60 % rate of raising Jewish children – a rate higher than in any other city.

28 Pew Research Center: *A Portrait of Jewish Americans.*

29 Pearl Beck: *A Flame Still Burns. The Dimensions and Determinants of Jewish Identity among Young Adult Children of the Intermarried.* New York: Jewish Outreach Institute 2005.

recorded attrition in Jewish identification, it also revealed that it is too early to dismiss this population group.

The following is a summary of the salient results revealed by the study.

The Dimensions of Jewish Identity among People Who Grew Up in Intermarried Families

- *Positive Feelings about Being Jewish*: Nearly 70 % of those interviewed said that being Jewish was either "somewhat" or "very" important to them, an almost identical proportion to that found in the 2001–2002 NJPS for a comparable sample. These positive feelings could be rooted simply in visceral feelings, exist without substantial Jewish content, and thrive despite identification with other religions.
- *Few Identify with the Religious Dimension of Jewish Identity*: A minority of respondents reported identifying primarily through the religious dimension of Judaism. In fact, only 30 % saw themselves as exclusively "Jewish." Despite this low level of religious identification, nearly one-half celebrated Jewish holidays; 64 % celebrated Chanukah; 45 % attended Passover Seders; and 21 % reported fasting on Yom Kippur. On the other hand, Christmas was almost universally observed by the children of intermarried couples. Our findings corroborated those of others researchers that have found that Christmas is typically celebrated as a family event rather than as a holiday with religious significance.[30] Very few attended church as part of their Christmas or Easter celebrations.
- *Weak Feelings of Connection to Ethnic Dimension / Jewish Peoplehood*: When asked to rate the personal importance of several attitudes related to Jewish identity, only 26 % of the respondents agreed that "the existence of the State of Israel is personally very important," the lowest rating among several measures of Jewish connections. Fewer than 20 % of those interviewed expressed a "sense of connection" with Jews around the world or in Israel.

30 Cf. Sylvia Barack Fishman: *Double or Nothing. Jewish Families and Mixed Marriage.* Hanover: Brandeis UP / University Press of New England 2004; Bruce Phillips: Half-Jewish. The Jewish Identity of Mixed Parentage Jewish Adults. In: *Contemporary Jewry* 25,1 (2005), pp. 51–84.

- *Jewish Identity Primarily Linked to Cultural Components*: Despite their professed alienation from many religious and ethnic aspects of Jewish identity, many respondents felt comfortably connected to specific cultural aspects of being Jewish. In addition to their strong identification with Jewish food and Jewish humor, 56% of respondents said they attended Jewish cultural events, such as Jewish movies, plays, and museums. Interestingly, people who did not necessarily identify as "Jewish" by religion also attended Jewish cultural events – although people who identified as "Christian" were much less likely to do so.[31]
- *Low Levels of Jewish Knowledge*: Among the two-thirds of young adults born to intermarried parents but not reared Jewish, there were overall positive attitudes toward being Jewish, minimal stress about it, but also minimal knowledge about Jewish history or traditions. What Jewish knowledge they had was derived mainly from popular culture and entertainment rather than through Jewish education during childhood. Opposing antisemitism was one of the Jewish values most strongly endorsed by our respondents.
- *Multiple "Half and Half" Identities Are Accepted*: Several respondents described themselves as a "quilt" or "collage," and many volunteered that they identified as "half-Jews." Overall, our respondents displayed a high degree of acceptance for their dual-religion households and had learned to juggle their multiple identities.
- *Tolerance for Inconsistency*: We found that this population had a considerable tolerance for inconsistency and contradiction. For example, a substantial proportion of those interviewed (60%) indicated that having a Jewish partner was not important to them while, at the same time, a substantial proportion (76%) also expressed a desire to "transmit a Jewish ethnic identity to their children."

31 The importance of paying attention to the cultural aspect of Jewish identity was emphasized by Egon Mayer, one of the pioneers of outreach to the intermarried. He suggested that the path to Jewish identity and continuity was to be found through a "fourth door – the general culture that is not specifically religious, that is not specifically directive and instructional, and that is not necessarily geared to defending ourselves or raising more dollars." (E. Mayer: Will the Grandchildren of Intermarriage Be Jews? The Chances are Greater than You Think. In: *Moment* 19,2 (1994), pp. 50–53.

The Determinants of Jewish Identity among People Who Grew Up in Intermarried Families

- *The Mother's Religion is Key*: Only 45 % of respondents with Jewish fathers indicated that their Jewish parent encouraged them to "identify with the Jewish religion", as opposed to 77 % of respondents with Jewish mothers. This critical role played by mothers in child-rearing in general and in raising Jewish children in particular has been corroborated by other research. For example, Bruce A. Phillips found that "Mixed-married fathers who were Jewish by religion were less likely to raise Jewish children than were mothers who were Jewish by religion, regardless of the religion of the spouse."[32] That mothers were more likely to be in charge of a child's education was evidenced by the following finding: A majority (63 %) of children whose mothers encouraged them to identify as Jewish received some Jewish education while only a minority (35 %) of children whose fathers encouraged them to identify as Jewish were educated accordingly. Similarly, while 64 % of children with Jewish mothers had had a *bar/bat mitzvah*, only 37 % of children with Jewish fathers had had a *bar/bat mitzvah*.
- *The Role of Grandparents*: The majority of respondents indicated that they had had significant contact to their grandparents while they were growing up – and nearly 85 % of them had established strong relationships specifically with their Jewish grandparents. In the course of the interviews, many described the pivotal role played by grandparents in shaping their Jewish identities. Unfortunately, until recently, this important role has been overlooked by those studying religious development possibly because, as explained by one of the interviewees, a grandparent's influence is often not apparent until their grandchildren are older.[33]
- *The Importance of Early Upbringing*: The type of religious upbringing a young adult received corresponded to his or her current identification. Nearly 90 % of respondents who were brought up Jewish continued to identify as "Jewish," while none of those who were raised in another religion currently regarded themselves as Jewish.

32 Bruce A. Phillips: Catholic (and Protestant) Israel. Non-Jews and Spouses and Children in Jewish Families. In: Eli Lederhendler (ed.): *Jews, Catholics and the Burden of History*. Oxford: Oxford UP 2005, pp. 132–153, here p. 144.

33 Barack Fishman: *Double or Nothing*.

Those who grew up "half and half" manifested the greatest amount of change; approximately one-quarter of those who grew up in this way currently considered themselves to be Jewish. In contrast, we found negligible current Jewish identity among those who grew up with no religion.

– *Geographical Location and Jewish Education*: Growing up in a 'Jewish area' – a place where there is a substantial Jewish population – correlated with a stronger Jewish identity, as did receiving a Jewish education, which typically also entailed having a *bar/bat mitzvah*.
– *The Impact of a Secular versus a Religiously Identified Non-Jewish Parent*: Respondents whose non-Jewish parent was secular (that is, "did not identify with any religion") had considerably higher levels of Jewish identity than those who were raised by a parent who identified with another religion. Similarly, respondents who grew up with a non-Jewish parent who identified with another religion were themselves three times as likely (22 % vs. 7 %) to currently identify with another religion. In families where a child was being raised in a specific religion, one parent typically had a strong preference for his/her religion and the other parent did not possess an equally strong religious identity.

To summarize, we learned that while this population of young people who grew up with one Jewish parent was less "Jewish" on many indicators, it was *not* devoid of positive Jewish identity and Jewish feelings.

Decision-Making Regarding Child-Raising among Intermarried Families

My study, *Addressing the Needs of Intermarried Families in Cleveland. An Exploration of Decision-Making among Parents of School-Age Children*[34] explored the factors and dynamics that predisposed some intermarried families to connect with Jewish life. Specifically, the study examined how intermarried couples in Cleveland decided within which religious tradition, if any, to raise their children, and what types of Jewish educational experiences to provide for them. Another goal of

34 Pearl Beck: *Addressing the Needs of Intermarried Families in Cleveland. An Exploration of Decision-Making among Parents of School-Age Children*. Cleveland: The Jewish Federation of Cleveland 2007.

the study was to identify programs and experiences regarded as 'user-friendly' by intermarried families.

Phone interviews were conducted with 51 intermarried couples by a team of four trained interviewers. The Jewish partner and the non-Jewish partner in all 51 couples were interviewed for a total of 102 separate interviews. The interviews were written up in the form of 'case studies' for each family. Coded information from the interviews was analyzed in combination with data obtained from a brief online survey completed by each participant. The following are the major findings of this study.

Decision-Making Regarding Child-Raising

- *Raising Children: Extent of Agreement between Parents*: We found that 60% of the intermarried couples were in agreement with each other that they were raising exclusively Jewish children.[35] However, one of our most important findings was that there was *substantial (approximately 20%) disagreement* between the parents as to the religious traditions (if any) in which they were raising their children. Among those who disagreed about how to raise their children, there were five different religious-upbringing combinations (e.g., "Jewish and none," "Jewish and both" etc.).
- *Ongoing Negotiations and Discussions about Child-Raising*: Despite the large proportion of couples that insisted that they discussed child-raising issues prior to marriage, many issues could not be addressed or resolved at that time. Interviews revealed that commitment to Jewish life was often tenuous, even among families who were raising Jewish children. Although the two individuals in the couple might have agreed "in principle" on their approach to religion before they were married, many married couples continued to struggle with the specifics of how to raise Jewish children. Among the unanticipated issues being addressed by these parents were: intensified (post-intermarriage) Christian identification on the part of the non-Jewish parent, increased pressure from grandparents regarding how to raise the children, and protracted states of uncertainty experienced by both parents. Consequently, many

35 Although this study was not based on a representative sample, it must be pointed out that Cleveland is a community characterized by a relatively high rate of intermarried families who are raising Jewish children.

of these marriages involve ongoing negotiations as to the family's religious identity. This dynamic characterized families who were not raising Jewish children as well as families who were raising Jewish children. Finally, the Jewish and non-Jewish parents did not share a Jewish social network, which made it difficult for them to have Jewish family experiences with other people and to participate fully and comfortably in the larger Jewish community.

– *Raising Jewish Children*: Reasons given for the decision to raise Jewish children included the belief in the importance of having only one religion in the family, a leaning towards Judaism and/or an antipathy to Christianity on the part of the non-Jewish spouse
– *Not Raising Jewish Children*: Reasons given for not raising exclusively Jewish children included a belief in the importance of providing children with choices, a belief that both religions are similar, and negative feelings toward Judaism.
– *Jewish Respondents' Jewish Connections and Identifications*: Similar to the Pew findings regarding the relatively low level of Jewish religious identity among the intermarried, only a minority (29%) of the Jewish parents interviewed considered themselves "religious." Despite the small percentage that described itself as "religious," the overwhelming majority celebrated Chanukah (95% and above) and attended Passover Seders (85% and above). Approximately three-quarters of the interviewed families reported that they displayed a Jewish object in their home, and 62% reported having a *mezuzah* on their doorframe. Fifty-six percent of the interviewed families reported that they belonged to synagogues. Three-quarters of the families that were raising Jewish children belonged to synagogues, and approximately one-quarter of families not raising Jewish children reported that they belonged to a synagogue. A majority of both Jewish and non-Jewish parents had attended a *Tot Shabbat* service. Over one-half of the families had attended a Jewish cultural event during the past year. Parents expressed many more positive attitudes toward their children's Jewish preschool experiences than toward their children's supplementary school experiences. For example, a much higher proportion reported that they "did something different Jewishly"[36] in their home as a result

36 The word 'Jewishly' is commonly used in North American Jewish research to denote engaging in Jewish behaviors that are not necessarily religious or ritual

of Jewish preschool than as a result of supplementary school. And finally, although the majority of parents who were raising Jewish children said they planned to have a *bar/bat mitzvah* for their child, only 10% of families not raising Jewish children planned to do so.

Correlates of Raising Jewish Children

The researchers found that families committed to raising Jewish children differed from those who were not raising Jewish children on a wide range of important indicators of Jewish identification and connection. For example:

- *Greater Formal Jewish Engagement*: Families raising Jewish children were more likely to enroll their children in Jewish preschools, to belong to a synagogue, to attend *Tot Shabbat* services, to send their children to Jewish summer camps, to celebrate Jewish holidays, and to plan on celebrating their children's *bar/bat mitzvahs*.
- *Importance of Jewish Mother*: Substantiating the findings of the research on the Jewish identity of people who grew up in intermarried families, this study also found that it was typically the Jewish mother, rather than the Jewish father, who exerted the most influence on a family's religious-cultural life.
- *Secular versus Religiously Identified Non-Jewish Parents*: This was more likely to occur when the non-Jewish spouse and/or the spouse's family were not trying to expose the children to another religion. In general, it was easier for a Jewishly committed mother to raise Jewish children when the non-Jewish father did not practice another religion. Raising Jewishly identified children was also facilitated by the local presence of family, particularly Jewish grandparents, who helped reinforce the decision to raise Jewish children and who exposed the children to Jewish life.

Though the research team found considerably lower levels of participation among families not raising Jewish children, it was poignant to note that these families continued to maintain a modicum of Jewish identification and involvement. For example, between one-quarter and one-third of these families reported that they had a *mezuzah* on

behaviors (e.g., lighting Shabbat candles, keeping kosher etc.) By utilizing this term, survey or interview respondents can frame their behaviors as 'Jewish' in a more inclusive fashion.

their door, had participated in a *Tot Shabbat* event, and that being connected to the Cleveland Jewish community was "somewhat" or "very" important to them. In addition, a substantial proportion of families who were not raising Jewish children reported that they attended Passover Seder, celebrated Chanukah, and displayed Jewish items in their homes. Based on this evidence, it is apparent that it would be premature to 'write off' these families in their journeys towards greater Jewish involvement, as nonlinear and inconsistent as these journeys may be.

Outreach Recommendations

The recommendations focused on the following four areas:

- Connecting intermarried families with the Jewish community and with community-building experiences;
- Designing and providing targeted educational experiences for intermarried families;
- Providing support for transitional experiences and for lifecycle events; and
- Improving overall access to Jewish life in the community through 'low barrier' programming

Programs that Help Intermarried Families Raise Jewish Children

To grapple with high intermarriage rates as well as a less Jewishly engaged population, the Jewish community has devised a range of strategies and programs to help families find ways to connect in Jewish ways that are within their comfort levels. Most of these programs are based on several principles that are regarded as critical for reaching the less engaged Jewish populations (several of these principles have already been mentioned in the context of the Cleveland study's recommendations). One of the most important principles is that the programs be 'low barrier,' meaning that they do not require membership or are low cost or free. Holding the programs in neutral venues (e. g., bookstores, parks, cultural institutions, children's theaters etc.) is also a significant aspect of providing a 'low barrier' experience. Secondly, most of these programs involve a 'relational' component, providing participating families with opportunities to connect with each other as well as with program providers who are knowledgeable about Jewish matters. Thirdly, the programs are typically geared to help participants seek answers to the questions, challenges, and meaning of everyday life. Finally and of major importance, what many of these programs have in common is that, for the most part, they are geared towards being fun, informal learning experiences, rather than constituting more formal learning experiences.[37]

The following are examples of some of the programs that appear to have experienced some level of success reaching intermarried and unengaged Jewish families and their offspring:

– *Taste of Judaism (e.g. Introduction to Judaism) Classes*: The Taste of Judaism curriculum,[38] which was developed by the Union of Reform Judaism, covers topics such as spirituality, ethics, and community. Although the program was originally developed for intermarried couples, the sponsors describe the intended target population as "beginners, Jewish or not" (in fact, many Jewish couples – where at least one and sometimes both partners have little Jewish background – are now enrolling in these courses). The first few sessions are often free. One of the intermarried parents who was interviewed reported that the Taste of Judaism classes were "a wonderful educational experience for both of us and if we could, we would continue these classes."
– *PJ Library*: This low-barrier educational program is funded through a foundation (The Harold Grinspoon Foundation), along with partnerships with other philanthropists and local Jewish organizations.[39] The program consists of monthly mailings of free, high-quality Jewish children's literature and music to families across the continent, thereby allowing families to explore the "'core values of Judaism' together, in the intimacy of their own homes." The target population ages for this program are children ages six months through (approximately) eight years old.
– *Mothers Circle*: This is a program sponsored by the Jewish Outreach Organization (JOI), an organization that is explicitly dedicated to reaching out to engage the intermarried. The Mothers Circle is an

37 "Taste of Judaism" might be the one exception as it comprises more formal learning.

38 A Taste of Judaism. http://www.reformjudaism.org/learning/judaism-classes/taste-judaism (accessed 18.06.2015).

39 PJ Library. https://www.pjlibrary.org/ (accessed 18.06.2015).

umbrella of educational programs and resources for non-Jewish women who are married to Jewish men and who are raising Jewish children. The program comprises a 16-session in-depth educational course that explores Jewish practices and ethics. It aims to "create a comfortable space for women to learn about Jewish holidays and rituals, discover how to enrich their families' Jewish experience, and deepen their connection to the religion of their partners and children – and to do so with their peers."[40] (JOI also sponsors a similar program for Jewish grandmothers to connect with their grandchildren around Jewish holidays and activities.)

– *Birthright Israel / Taglit*: These free, 10-day trips to Israel (for people ages 18–26), sponsored by the Birthright Israel program, have been founded to strengthen attachment to Israel as well as to enhance overall Jewish identity among participants. Recent research has found lower intermarriage rates among non-Orthodox participants with intermarried parents than among non-Orthodox nonparticipants (e.g., a "control group") with intermarried parents.[41] In addition, several of the families interviewed for our research whose children participated in Birthright noted that the program was a powerful Jewish identity-formation experience for their children and contributed significantly to their Jewish knowledge.

Other Outreach Recommendations

Other ideas for engaging this population group that have not yet been widely implemented include: creating additional support for Jewish fathers in intermarried couples; sponsoring Israel trips for mixed couples and unmarried young adults in partnerships to promote Jewish social networks; creating subsidized Jewish-sponsored preschools in areas with high rates of intermarriage; and improving marketing for existing Jewish preschools in areas where such schools are underutilized by Jewish populations.

40 What is The Mothers Circle? http://www.joi.org/motherscircle/index.php?page=whatisit (accessed 18.06.2015).

41 Cf. Shahar Hecht / Charles Kadushin / Benjamin Phillips / Theodore Sasson / Leonard Saxe / Michelle Shain / Graham Wright: Intermarriage. The Impact and Lessons of Taglit-Birthright Israel. In: *Contemporary Jewry* 31,2 (2011), pp. 151–172.

Conclusion

It seems likely that intermarriage rates in the U.S. will remain high and that the American Jewish community will continue to struggle to engage intermarried Jews in Jewish life and Judaism. If there is any discernible silver lining to this crisis, perhaps it is that, in recognizing the challenges described in this paper, Jewish leadership has developed a multitude of innovative programs to strengthen Jewish identity and education across the board. Designed to engage the intermarried, these initiatives have also attracted scores of mainstream Jews, providing them with a stronger knowledge base and a sense of positive identification. Finally, Jewish history serves as a constant reminder of the tenacity and perseverance that is characteristic of the Jewish people. Despite overwhelming external and internal threats in almost every generation and locale, despite continual attrition of our numbers, Jews have been adaptive and resilient. This knack for survival was poignantly expressed by a young woman whom we interviewed, the daughter of one Jewish and one non-Jewish parent:

> My mother prays sometimes; my father doesn't like praying much. My mother is a vegetarian, my father eats non-kosher meat. My father is a Zionist: my mother is an ultraliberal pacifist. My brothers are growing up and making their own way. Who among them is Jewish? I don't know what any of them "really are." All I know is we are a family. The Jewish people have been one people for thousands of years and I don't believe these issues have the power to break us.

Die Frage nach dem Bindestrich
Deutsch-jüdische Identitäten und Literatur

Joela Jacobs

> …die Last ist *nicht* das entweder/oder, eine bewusste Wahl zwischen gleich schwierigen und bedauerlichen Möglichkeiten, es ist eben auch das und/und/und/und. Das Leben *ist* und: das Zufällige und das Unveränderliche, das sich Entziehende und das Fassbare, das Bizarre und das Voraussehbare, das Wirkliche und das Potentiale, all die sich vervielfachenden Realitäten, miteinander verknotet, sich überschneidend, miteinander kollidierend, zusammengewachsen – plus die sich multiplizierenden Illusionen! Das mal das mal das mal das…
>
> (Philip Roth: *The Counterlife*, Übers. d. Verf.)

Was macht eine gemischte oder, wie es in akademischen Kreisen oft heißt, ‚hybride' Identität aus? Oder eher: Welche Identität ist nicht hybrid? Im täglichen Leben sind die verschiedenen Bestandteile unseres Daseins meist problemlos miteinander verquickt. Wir sind Europäerin gegenüber einem Nicht-Europäer, Schweizer gegenüber einer Deutschen, weiblich, männlich, einer Religion angehörig, Mitglied einer bestimmten Berufsgruppe, eines Abschlussjahrgangs, einer Freiwilligeninitiative. Zusammen beschreiben diese Bestandteile unsere Identität und wir verhandeln diese vereinfachten Kategorien problemlos, so lange sich keine davon gegen die andere sträubt. Was auf den ersten Blick als eine natürliche Einheit erscheint – ein Individuum oder auch eine Familie –, stellt sich auf den zweiten Blick schnell als ein Puzzle mit den verschiedensten Bestandteilen heraus. Zugehörigkeit zu einer Kategorie impliziert oft den Ausschluss aus einer anderen, jedoch bleibt dies in vielen Kombinationen unbemerkt. Erst wenn es zu einer ungewollten Zuschreibung oder Verwehrung des Zugangs zu einer Kategorie kommt, ergeben sich Konflikte. Dann stehen sich Fronten gegenüber, die diese sonst so leicht fallende Hybridität untergraben, weil sie Einschränkungen machen, die bestimmen, dass die, die zur einen Gruppe gehören, deswegen automatisch nicht zur anderen gehören können. Konzepte wie Hautfarbe, Nationalität, Geschlecht oder sexuelle Orientierung sind auch in unserer globalen Gesellschaft noch unflexible Kriterien des Ein- oder Ausschlusses, die in der Erfahrung Einzelner Gefangenheit oder Heimat bedeuten können. Erst wenn diese Ungereimtheiten zum Konflikt führen, fordern sie eine Auseinandersetzung heraus und erzwingen eine Hinterfragung dieses kategorialen Denkens.

Die Benennung ‚deutsch-jüdisch' ist seit ihrer Entstehung auf diese Weise umstritten, und sie trägt seit der Shoah eine besonders schwere Last. Die Entscheidung, welche Komponente zuerst genannt wird, jüdisch oder deutsch, kratzt nur an der Oberfläche dieser Problematik. Der Bindestrich, der die beiden Komponenten als Brücke in gleichwertiger Weise zusammenzufügen sucht, erscheint allzu oft eher als ein Minuszeichen, das – anstatt Pluralität auszudrücken – betont, dass das Benannte weder vollwertig als deutsch noch jüdisch angenommen wird. Darüber hinaus ist unklar, wer damit ein- und wer ausgeschlossen wird. Was heißt überhaupt ‚deutsch' oder ‚jüdisch'? Weder Konzepte wie Muttersprache, Kultur, Religion oder Nation geben hier eindeutige, allgemein anwendbare Antworten. In der Auseinandersetzung mit dieser Uneindeutigkeit stellt sich die Frage, wie wir zusammengesetzte Identitäten aller Art statt eines mitgedachten Minuszeichens mit einem oder sogar mehreren Pluszeichen versehen können.

Im Folgenden zeige ich anhand der deutsch-jüdischen Literaturgeschichte und Textbeispielen, dass dieser im Bindestrich ausgedrückte Identitätsbruch ein besonders produktives Potential aufweist – im Leben wie in der Literatur. Ich schlage vor, dass der Akt des Erzählens helfen kann, den Begriff von hybrid-jüdischer Identität mit einem als Minuszeichen verstandenen Bindestrich, einem *Jewish(minus)one* – also *Jüdisch(minus)eines* – hin zu einem sogenannten *Jewish(plus)many* – *Jüdisch(plus)vieles* – also einem Potential diverser Möglichkeiten, zu bewegen.[1]

1 Diese Begriffe habe ich zusammen mit Katharine Mershon für ein Seminar zum Thema jüdisch-hybrider Identität entwickelt, das im März 2012 mit einer

Erzählen als Kulturtechnik

Um Widersprüche innerhalb von Identitäten zu verhandeln, greifen wir zur Sprache: Wir konstruieren Narrative, die das, was nicht auf den ersten Blick zusammenpasst, erklären und damit zusammenführen. In dieser Weise konzeptualisieren wir Identität und strukturieren die Komponenten unseres Daseins. Sind uns die verschiedenen Kategorisierungen unserer Identität einmal bewusst, dann entspinnt sich eine Kette von Erklärungen für ihre individuellen Kombinationen und aus der Erforschung der Geschichte unseres Hintergrundes entwickeln sich Geschichten, Erzählungen, Narrative – die unsere Identität einrahmen, kontextualisieren und erklären. Anstelle eines Defizits entsteht damit etwas Neues, das Raum für Vielfalt bietet. Ein angemessenes Verständnis dieses nicht unproblematischen Begriffs der Hybridität ist deswegen auch eines, in dem A+B nicht nur AB ergibt, sondern etwas Drittes, Neues, ein A+B=C.[2] Wir stiften neuen Sinn an Stellen, wo andere Widersprüche sehen oder Bedeutungen auseinander dividieren. In diesen Konflikt der Kategorien werden wir hineingeboren und erben einen Reichtum an Geschichte, Leerstellen und mehr als genug ‚Altlasten'. Literatur basiert auf diesen Auseinandersetzungen mit dem, was wir sind und sein wollen, und sie kann in diesem Konflikt helfen und vermitteln. Sie bietet Leser_innen neue Perspektiven oder lang gesuchte Identifikation mit Hilfe ihrer Charaktere und deren Verhalten. Dadurch kann sie Bedeutungen verändern, Sinn spenden und Problematiken und offene Fragen sichtbar machen, um den Grundstein für öffentlichen Austausch zu legen. Darüber hinaus fungiert sie als Mittel der Entlastung und des individuellen Ausdrucks für Erzählende und Schreibende.

interdisziplinären und internationalen Gruppe von Wissenschaftler_innen auf einer Tagung der *American Comparative Literature Association* stattfand. Siehe Katharine Pflaum [Mershon] / Joela Zeller [Jacobs]: Collapsing Identities. Moving from "Jewish(minus)one" to "Jewish(plus)many". http://www.acla.org/sites/default/files/files/Full_Program_Guide_2012.pdf (Zugriff am 14.07.2015).

2 Siehe zum Beispiel Homi Bhabhas Theorie des sogenannten ‚Dritten Raums' (*third space*) als Möglichkeitsraum des Hybriden (Homi Bhabha: *Die Verortung der Kultur*. Tübingen: Stauffenburg 2000). Der ursprüngliche Gebrauch des Begriffs der Hybridität im Kontext von Pflanzenzucht und Rassenideologie des 19. Jahrhunderts haftet dem Wort im Deutschen immer noch deutlich an, was die außerakademische Nutzung der vorwiegend aus dem amerikanischen Raum stammenden Theorie der Hybridität vor praktische Schwierigkeiten stellt.

Einer der wohl berühmtesten Vertreter deutsch-jüdischer Literatur, Heinrich Heine, beschrieb eine der vielen Funktionen von Literatur im Jahr 1829 folgendermaßen:

> Seltsame Grille des Volkes! Es verlangt seine Geschichte aus der Hand des Dichters und nicht aus der Hand des Historikers. Es verlangt nicht den treuen Bericht nackter Tatsachen, sondern jene Tatsachen wieder aufgelöst in die ursprüngliche Poesie, woraus sie hervorgegangen.[3]

‚Nackte Tatsachen' in diesem objektiven Sinne kann es allerdings gar nicht geben. Menschheitsgeschichte ist immer schon etwas Erzähltes und Tradiertes, auch wenn wir oft nicht so weit gehen, dies Poesie zu nennen. Dieser Zusammenhang zwischen Geschichte und Geschichten erweitert allerdings die Notwendigkeit des Erzählens vom Bereich individueller Identität auf die gesamte Menschheit. Erzählen wird so zu einem konstitutiven Element gemeinschaftlicher Identität und ist deswegen auch in der Lage, in diesem Bereich zu innovieren. Der Kulturwissenschaftler Hermann Blume beschreibt dies folgendermaßen:

> Erzählen, als Grundform kognitiver Verarbeitung, zählt zu den elementaren Kulturtechniken: Nicht ‚Realität' an sich, erst erzählte Wirklichkeit ordnet Ereignisse, Akteure und Handlungen zeitlich, d.h. vom Ende her, auf einen den menschlichen Bedürfnissen entsprechenden, sinnhaften Ausgang hin. Über bestimmte Narrative von Wirklichkeiten bilden sich Erinnerungsgemeinschaften. Kollektive Identität beruht damit nicht nur auf einer „imagined community" [*vorgestellten Gemeinschaft*] (ein Begriff Benedict Andersons), sondern auch auf einer „narrated community" [*erzählten Gemeinschaft*]. Damit gewinnt die Frage der Erzählhoheit über die Wirklichkeit auch eine eminent machtpolitische Dimension.[4]

Erzählen als Kulturtechnik, die literarischen Werken zugrunde liegt, gibt ihnen die Möglichkeit, verschiedene Versionen von Geschichte darzustellen und darüber hinaus mögliche andere Szenarien zu entwerfen. Literatur ist damit auch eine Möglichkeit, denen eine

3 Heinrich Heine: Reisebilder. Dritter Teil: Reise von München nach Genua. In: Ders.: *Werke und Briefe in zehn Bänden*, Bd. 3: Reisebilder und Reisebriefe, hrsg. v. Hans Kaufmann. Berlin / Weimar: Aufbau 1972, S. 190–273, hier S. 209.

4 Hermann Blume: Narrated Communities – Narrated Realities. Erzählung als Erkenntnisprozess und kulturelle Praxis. http://h-net.msu.edu/cgi-bin/logbrowse.pl?trx=vx&list=H-Germanistik&month=1209&week=d&msg=RJI53S0p4w8W5aEdgiW7rg (Zugriff am 14.07.2015). Der Konferenzband gleichen Namens ist 2015 auf Englisch bei Brill / Rodopi erschienen. Siehe auch Benedict Anderson: *Imagined Communities. Reflections on the Origin and Spread of Nationalism*. London: Verso 1999.

Stimme zu verleihen, die sonst nicht gehört werden. In diesem Sinne bemühte sich auch der Aufklärungsphilosoph Moses Mendelssohn um die Gleichberechtigung der jüdischen Bevölkerung Deutschlands gegen Ende des 18. Jahrhunderts. Seine Verbindung der beiden Kultur- und Sprachbereiche bedeutete sowohl für seine christlichen als auch seine jüdischen Mitmenschen eine fundamentale Umstellung, die der Philosoph Franz Rosenzweig 1920 mit der etwas polemischen Frage beschrieb: „Wie sollten sie [die Menschen um Mendelssohn] begreifen, dass hier [in der Person Mendelssohns] nicht *ein* Mensch vor ihnen stand, sondern zwei?"[5] Diese Frage ist einer der vielen und, wie ich denke, überaus gelungenen Versuche, sich mit der Bedeutung des Begriffs des Deutsch-Jüdischen auseinanderzusetzen. Sie führt das Verständnis einer fundamentalen Trennung des Deutschen und Jüdischen ad absurdum und betont damit ihre Gemeinsamkeit: das Menschsein. Mendelssohn kämpfte für die Anerkennung dieser Gemeinsamkeit und seine Waffe war die Sprache.

Deutsch-jüdische Literatur?

Mit seiner Wahl der deutschen Sprache begründete Mendelssohn gleichzeitig eine reiche Tradition deutsch-jüdischer Literatur, ohne deren Autor_innen deutsche Kulturgeschichte nicht zu denken ist. Die Liste deutsch-jüdischer Kunstschaffender ist lang und von weltweitem Ruhm, wie unter anderem Metzlers im Jahr 2000 erschienenes dickes Lexikon der deutsch-jüdischen Literatur[6] beispielhaft unter Beweis stellt. Jedoch zeigt zum Beispiel der im Herbst 2012 in Israel in erster Instanz entschiedene Prozess über den Verbleib von Franz Kafkas Teilnachlass, wie kompliziert diese Benennung wird, wenn verschiedenste Gruppen, in diesem Fall deutsche und israelische Bibliotheken, Anspruch auf einen Autor erheben. Ein Blick auf Metzlers Lexikon demonstriert eben auch, dass das jüdische und deutsche Selbst- und Fremdverständnis der Autor_innen, geschweige denn

5 Franz Rosenzweig: Der jüdische Mensch. In: Ders.: *Der Mensch und sein Werk. Gesammelte Schriften*, Bd. III: Zweistromland. Kleinere Schriften zu Glauben und Denken, hrsg. v. Annemarie Mayer / Reinhold Mayer. Dordrecht / Boston / Lancaster: Nijhoff 1984, S. 559–576, hier S. 566.

6 *Metzler Lexikon der deutsch-jüdischen Literatur. Jüdische Autorinnen und Autoren deutscher Sprache von der Aufklärung bis zur Gegenwart*, hrsg. v. Andreas Kilcher. Stuttgart: Metzler 2000.

ihre historisch bedingten Lebensumstände, verschiedener nicht sein könnten, und es werden die Schwierigkeiten deutlich, die mit dieser Kategorisierung durch andere einhergehen.

So mehrten sich in Reaktion auf die Bücherverbrennungen und die zahllosen anderen Verbrechen der Nationalsozialisten auf jüdischer Seite die Stimmen – wie z. B. die Martin Bubers, Gershom Scholems oder Theodor Adornos –, die die Ära deutsch-jüdischen Literaturschaffens für beendet erklärten. Die Zerstörung dieser produktiven literarischen Gemeinschaft und der fundamentale Bruch innerhalb dieser langen Tradition generierte jedoch auch eine neue Notwendigkeit für Literatur als Mittel der Bewältigung. Die Schrecken der Shoah erforderten angemessene literarische Ausdrucksformen, und diese Suche nach neuen Formen des Erzählens und Schreibens ist eine besondere Herausforderung, mit der sich Schriftsteller_innen bis heute auseinandersetzen müssen, egal wo sie sich innerhalb der deutschen oder jüdischen Literatur positionieren. Die Vielfalt, die sich in der deutsch-jüdischen Literatur seit der Shoah und speziell in der Gegenwartsliteratur entwickelt hat, zeugt vom Erfolg dieses Unterfangens, da die Texte sich mit einem breiten Spektrum an Themen der deutsch-jüdischen Vergangenheit, Gegenwart und Zukunft befassen. Die Autor_innen beschäftigen sich aktiv mit der Benennung ‚deutsch-jüdisch' und sprengen diese Kategorie gleichzeitig mit jedem Wort. So diskutiert zum Beispiel der Holocaustüberlebende Jurek Becker in seinem provokativen Aufsatz „Mein Judentum" von 1977 die komplexe Vielschichtigkeit deutsch-jüdischer, deutscher und jüdischer Identitätszuschreibungen, die er für sich als Autor und Person rigoros ablehnt, auch wenn sein Leben und Schreiben von ihren Spuren durchzogen ist:

> Bis heute weiß ich nicht, welches die Merkmale sind, die einen Menschen jüdisch sein lassen. Ich weiß, dass andere meinen, solche Merkmale zu kennen. Ich höre, Jude ist, wer eine jüdische Mutter hat. Die so glauben, mögen dabei bleiben, doch ich kann mich daran nicht beteiligen. Ein Mensch ist, wer Menschen als Eltern hat, nicht mehr und nicht weniger.[7]

Wenn das Attribut ‚jüdisch' auf diese Weise auf die Literatur angewendet wird, stellen sich viele ähnliche Fragen über eben diese

7 Jurek Becker: Mein Judentum. In: Christine Becker (Hrsg.): *Mein Vater, die Deutschen und ich. Aufsätze, Vorträge, Interviews.* Frankfurt am Main: Suhrkamp 2007, S. 13–23, hier S. 17.

Merkmale, laut derer Texte zu einem literarischen Korpus gehören oder nicht. Müssen die Autor_innen sich selbst als jüdisch verstehen? Jurek Becker verstand sich trotz jüdischer Mutter, erlittener Naziverfolgung, jüdischer Figuren und Werkinhalte bewusst und deutlich nicht so. Zählen nur Schriftsteller_innen, die eine jüdische Mutter haben? Dann müsste eine patrilinear jüdische Literatin wie Elfriede Jelinek oder der Konvertit Benjamin Stein aus diesem Kanon gestrichen werden. Müssen die Autor_innen der Texte überhaupt jüdische Vorfahren haben oder geht es eher um die Charaktere in ihren Texten? In diesem Fall würden Literaten von W. G. Sebald bis Kevin Vennemann, die ohne eigenen jüdischen Hintergrund über jüdische Figuren schreiben, nicht mehr dazugehören. Müssen die Schriftsteller_innen religiös sein oder über ein bestimmtes kulturelles Wissen verfügen? Eventuell sind die Autor_innen gar nicht das entscheidende Merkmal, sondern der Text. Muss dieser zwingend jüdische Themen und Figuren behandeln? Vielleicht geht es um einen bestimmten Stil, eine Form, die an Scholem Aleichem und Isaac Bashevis Singer erinnert, oder einen gewissen jüdischen Witz. Und dürfen diese Texte nur auf Deutsch geschrieben werden? Keines dieser Kriterien scheint zufriedenstellend und dennoch sprechen wir in Ermangelung adäquaterer Begriffe weiterhin über ‚deutsch-jüdische Literatur', um auf einen bestimmten Textkorpus Bezug zu nehmen. Darüber hinaus verschwimmen allzu leicht und besonders in Texten, in denen es um Identitätsfindung geht, die Grenzen zwischen der Person des Autors oder der Autorin und ihren Figuren, und wir Leser_innen haben in solchen Fällen oft besondere Mühe, Fiktion und Biographie zu trennen. Allerdings bringt auch jeder einzelne von uns andere Voraussetzungen mit in die Leseerfahrung. Deswegen möchte ich hier stellvertretend eine eigene Erfahrung mit dieser Vielfalt der Perspektiven auf Literatur und Identität erzählen.

Zum Zeitpunkt dieser Konferenz im Herbst 2012 unterrichtete ich in Chicago einen Literaturkurs in der Erwachsenenbildung. Meine Student_innen waren etwa im Alter meiner Großeltern und ausnahmslos mit aschkenasischem Familienhintergrund. Der Kursplan sah vor, gemeinsam beispielhaft ausgesuchte deutsch-jüdische Texte aus dem vergangenen Jahrhundert bis zur Gegenwart zu lesen. Mitten in meiner Erklärung der Vielschichtigkeit des Begriffs der deutsch-jüdischen Literatur in der ersten Stunde wurde ich abrupt mit einer

Frage unterbrochen: „Bist du Jüdin?“ Meine Verneinung resultierte in der Frage, warum ich diesen Kurs unterrichte. Einen Moment lang wusste ich nicht, wie ich reagieren sollte, aber dann wurde mir klar, dass diese Frage uns direkt zum Kern des Kursinhalts führen könnte. Ich fragte in die Runde, was denn ‚deutsch‘, ‚amerikanisch‘ oder ‚jüdisch‘ bedeute. Ob fast 90jähriger Shoah-Überlebender oder Amerikanerin in der fünften Generation – die Antworten fielen so vielfältig aus wie die Kursteilnehmer_innen, und ich konnte beobachten, wie das Erstaunen der meisten in ein Begreifen der Vielschichtigkeit dieser Begriffe umschlug. Diese Unterhaltung legte den Grundstein für ein Verständnis der komplexen Aus- und Einschlussmechanismen, die mit Identitätszuschreibungen einhergehen, und die so erfahrene Vielfalt an Perspektiven machte es allen leichter, sich im Folgenden auf Autor_innen oder Texte einzulassen, die auf den ersten Blick nicht den individuell mitgebrachten Vorstellungen von ‚deutsch‘ und ‚jüdisch‘ entsprachen. Während wir uns immer besser kennenlernten, also mit Rosenzweig und Becker gesprochen: ‚für einander zu Menschen wurden‘ – und das geschah mit hitzigen Diskussionen über die dunkle Seite des Goethe'schen Bildungsideals ebenso wie mit stillen Tränen beim Lesen von Paul Celans Shoah-Lyrik –, begannen wir die Gegensätze als Potential zu betrachten. Durch die zusätzlichen Perspektiven, die die Texte uns im Laufe des Kurses eröffneten und die Art und Weise, in der sie Identität de- und rekonstruierten, wurden vormals festgelegte Meinungen flexibler und das Verständnis von deutsch-jüdischer Identität und Literatur komplexer. Gegen Ende des Kurses war unser Interesse an dem undefinierbar gewordenen Begriff der deutsch-jüdischen Literatur zu einer gemeinsamen Erfahrung der Vielschichtigkeit von Identität geworden, das sich auf Literatur und Leben gleichermaßen erstreckte.

Literarische Grenzgänge

Das Erzwingen der Durchlässigkeit von Kategorien und ein flexibles Spiel mit diesen Identitätsbausteinen ist etwas, das fiktive Figuren scheinbar mit größerer Leichtigkeit vollbringen als wir. Solche literarischen Grenzfiguren finden sich in Erzählungen aus verschiedensten Kontexten und befinden sich häufig in einer gesellschaftlichen Außenseiter- oder Beobachterposition. Ihre Zugehörigkeit ist in Frage gestellt, weil sie mindestens zwei widersprüchliche, sich fremde

Kategorien in sich vereinen und damit ihrem Umfeld ein Rätsel aufgeben. Oft wird ihr Scheitern beschrieben, aber dennoch machen ihre Grenzgänge sie zu ungewöhnlichen Held_innen. Die folgenden Beispiele haben aktuellen Bezug, um allerdings das Lesevergnügen nicht zu verderben, belasse ich es bei konzeptuellen Beschreibungen.

Da ist zum Beispiel Benjamin Steins Roman *Die Leinwand*[8], der schon ganz programmatisch von zwei Seiten angefangen werden kann. So können Leser_innen die Geschichten von Steins zwei Erzählern beliebig beginnen, dazwischen wechseln oder eine nach der anderen lesen. Erst im Laufe des Romans verknüpfen sich die Schicksale der beiden jüdischen Hauptfiguren über einen dritten Protagonisten, dessen aktive Konstruktion und Dekonstruktion jüdischer Identität im Zentrum des Geschehens steht. Diese verdoppelte Perspektive schafft eine Mehrdeutigkeit, die eindeutige Zuordnungen unterwandert.

So geschieht dies zum Beispiel auch in Zafer Şenocaks Roman *Gefährliche Verwandtschaft*, dessen Erzähler sowohl deutsch-jüdische als auch türkische Großeltern hat. Er verknüpft Themen von Beschneidung über Integration bis Völkermord, die auf verschiedenste Weisen in seiner komplexen Identität widerhallen und dadurch auf einzigartige Weise neue Perspektiven eröffnen. Gemeinsam ist ihnen die Erfahrung der Kategorisierung. So heißt es im Roman über seinen türkischen Großvater: „Er spricht perfekt Armenisch und Russisch und ist hellhäutig. ‚Du bist wie drei Mann.' Der Kommandant läßt ihn kundschaften."[9] In dieser Aussage ist Rosenzweigs oben erwähnte Frage über Moses Mendelssohn multipliziert („Wie sollten die Menschen um ihn herum begreifen, dass hier nicht *ein* Mensch vor ihnen stand, sondern zwei."). Gleichzeitig wird der Großvater des Erzählers wörtlich zum Grenzgänger, nämlich zum Spion für das Osmanische Reich im Ersten Weltkrieg. Der Erzähler sagt weiter: „Wer oder was man ist, kann man sich nicht aussuchen, das entscheiden die anderen, die einen nicht zu sich zählen. Dieser Erfahrung macht jeder, der einmal in seinem Leben die Seite wechseln will."[10] Und so wird sein Großvater zum Handlanger im armenischen Völkermord, während sich das jüdische Großelternpaar des Erzählers kurz vor

8 Benjamin Stein. *Die Leinwand.* München: Beck 2010.

9 Zafer Şenocak: *Gefährliche Verwandtschaft.* München: Babel 1998, S. 39.

10 Ebd.

dem Zweiten Weltkrieg in die Türkei flüchtet, um genau dieser Art der Verfolgung zu entgehen. Der Erzähler ist damit „ein Enkel von Opfern und Tätern."[11]

Literarische Grenzfiguren wie diese unterstreichen die Spannung zwischen einem Glauben an die unveränderliche Gegebenheit von Konzepten, die auf der Idee eines essentiellen, klar definierbaren Kerns beruhen (wie Ethnizität, Nation oder Geschlecht), und dem verunsichernden Bewusstsein, dass diese Kategorien sich als porös und wechselhaft erweisen. Damit erfüllen Grenzfiguren ihr provokatives Potential, das sie aus ihrer Position zwischen etablierten Kategorien anregen. Zu diesem Thema schreiben die Anthropologen Geoffrey Bowker und Susan Leigh Star, dass Klassifikationssysteme überall am Werk sind und „gute, brauchbare Systeme fast schon per Definition verschwinden"[12]. Das stellt eine große Gefahr dar, denn „wessen Stimme Ergebnisse bestimmt, ist oft eine reine Machtfrage."[13] Also rufen Bowker und Star zum Widerstand auf: „der Trick ist, jede scheinbar natürliche Einfachheit in unserer Umwelt in Frage zu stellen und nach der Anstrengung zu suchen, die diese Sache so einfach erscheinen lässt."[14] Das geschieht am effektivsten aus der Perspektive derer, die nicht problemlos in die generell angewandten Kategorien passen, denn „keine Klassifikation organisiert die Realität für jeden"[15]. Erst an diesen Stellen des Dazwischen, durch die Figur des literarischen Grenzgängers oder den Konflikt des Bindestrichs, werden andernfalls unsichtbare Widersprüche zum Vorschein gebracht, und das ermöglicht eine Analyse des Status Quo. Aus dieser Perspektive des Bindestrichs, den die Literatur in all seinen Facetten sichtbar machen kann, wird also die Gefahr von mit Klassifikationen verbundenen Werturteilen deutlich, und damit ist ein erster Schritt getan, diesen im Unsichtbaren mächtigen Ein- und Ausschlusssystemen die Grundlage zu nehmen.

Ich möchte mit einem Beispiel enden, das sich ganz bewusst und pragmatisch mit den widerstreitenden Kategorien deutsch-jüdischer

11 Şenocak: *Gefährliche Verwandtschaft*, S. 40.

12 Geoffrey Bowker / Susan Leigh Star: *Sorting Things Out. Classification and Its Consequences*. Cambridge: MIT 1999, S. 34 (Übers. hier u. ff. d. Verf.)

13 Ebd., S. 45.

14 Ebd., S. 39.

15 Ebd., S. 41.

Existenz der Gegenwart und Zukunft auseinandersetzt. In Lena Goreliks 2011 erschienenem Buch *Lieber Mischa* richtet sie sich an ihren gerade geborenen Sohn, der laut Untertitel „fast Schlomo Adolf Grinblum geheißen hätte“[16]. Mit viel Witz und Sarkasmus erklärt sie ihm sein Judesein und geht auch auf das Problem der Identitätsanerkennung von jüdischer Seite ein:

> Letztens sagte Dein Onkel bei einem unserer gemütlichen Familienabende, die in der Vorstellung deutlich gemütlicher sind als in der Realität, im Judentum sei es wie in der Lebensmittelindustrie: Da werde genauso gestritten, ob eine Scheibe Aufschnitt, die nur aus Fleischresten bestehe, Schinken genannt werden darf.[17]

Dieser Streit findet jedoch nicht nur im Äußeren statt und mit Goethes Faust sagt Gorelik:

> Zwei Herzen schlagen, ach, in meiner Brust. Mein aufgeklärtes, weltoffenes Herz ist das laute. Bumm, bumm, bumm macht es in regelmäßigen Schlägen, laut, selbstbewusst, deutlich. Das andere ist das jüdische Herz. Es ist leiser, unregelmäßiger. Es macht: aber, aber, aber. Und manchmal: Oj vej.[18]

Eines bleibt trotz aller sich scheinbar widersprechenden Kategorien: das Menschsein. Zum Abschluss schickt Lena Gorelik deshalb auch ihren Sohn mit folgenden Worten in die Welt: „Geh hinaus, und sei ein stolzer Jude, mein Mischa. Oder vielmehr: Geh hinaus und sei ein guter Mensch. Aber dazu musst Du kein Jude sein. Allerdings *bist* Du ein Jude, ob Du willst oder nicht. Ich kann nichts dafür.“[19]

16 Lena Gorelik: *Lieber Mischa…der Du fast Schlomo Adolf Grinblum geheißen hättest, es tut mir so leid, dass ich Dir das nicht ersparen konnte: Du bist ein Jude.* München: Graf 2011.

17 Ebd., S. 183.

18 Ebd., S. 63.

19 Ebd., S. 184.

Auswahlbibliographie

Bandle, Rico: Die Angst der Juden vor der Selbstauflösung. In: *Tages-Anzeiger*, 18.05.2010. http://www.tagesanzeiger.ch/kultur/diverses/Die-Angst-der-Schweizer-Juden-vor-der-Selbstaufloesung/story/31236243 (Zugriff am 16.08.2015).

Beck, Pearl: *A Flame still Burns. The Dimensions and Determinants of Jewish Identity among Young Adult Children of the Intermarried – Findings and Policy Implications.* Big Tent Judaism / Jewish Outreach Institute (JOI) 2005. http://www.bjpa.org/publications/downloadFile.cfm?FileID=116 (Zugriff am 26.11.2013).

Beck-Gernsheim, Elisabeth: *Juden, Deutsche und andere Erinnerungslandschaften.* Frankfurt am Main: Suhrkamp 1999.

Bernstein, Julia: *„Ab und zu Kosher, ab und zu Shabbat". Eine Studie zu Identitäten, Selbstwahrnehmungen und Alltagspraktiken von Kindern aus ‚mixed families' in Deutschland.* Yarnton Manor: JDC Internationals Centre for Community Development 2014.

Boeckler, Anette M.: Identität. Das Mutterprinzip. In: *Jüdische Allgemeine*, 03.05.2013. http://www.juedische-allgemeine.de/article/view/id/15829 (Zugriff am 14.08.2015).

Braun, Christina von: Vorwort: ‚Jüdische Identität'? In: Juliane Sucker / Lea Wohl von Haselberg (Hrsg.): *Bilder des Jüdischen. Selbst- und Fremdzuschreibungen im 20. und 21. Jahrhundert.* Berlin: de Gruyter 2013, S. 3–11.

Brenner, Michael: Unter einem Dach. Standpunkt. Das Prinzip der Einheitsgemeinde ist nach wie vor aktuell – wenn die Vielfalt garantiert ist. In: *Jüdische Allgemeine*, 21.11.2013. http://www.juedische-allgemeine.de/article/view/id/17656 (Zugriff am 31.08.2015).

Brumlik, Micha: Papa ante portas. Warum die Gemeinden auch Kinder jüdischer Väter als Mitglieder akzeptieren sollten. Ein Plädoyer. In: *Jüdische Allgemeine*, 06.01.2011. http://www.juedische-allgemeine.de/article/view/id/9427 (Zugriff am 14.08.2015).

—: Wenig Zukunft ohne Väter. Das Mutterprinzip ist Halacha. Sollten auch Kinder jüdischer Männer als Juden anerkannt werden? In: *Jüdische Allgemeine*, 01.08.2013. http://www.juedische-allgemeine.de/article/view/id/16660. (Zugriff am 16.08.2015).

Chertok, Fran / Benjamin Phillips / Leonard Saxe: *It's Not Just Who Stands under the Chuppah: Intermarriage and Engagement.* Brandeis University Press: Brandeis 2008. http://bir.brandeis.edu/bitstream/handle/10192/23017/Intermarriage.052908.pdf?sequence=1 (Zugriff am 26.11.2013).

Chinitz, Joshua G. / Robert A. Brown: Religious Homogamy, Marital Conflict, and Stability in Same-Faith and Interfaith Jewish Marriages. In: *Journal for the Scientific Study of Religion* 40,4 (2001), S. 723–733.

Cohen, Yinon / Irena Kogan: Jewish Immigration from the Former Soviet Union to Germany and Israel in the 1990s. In: *Leo Baeck Institute Year Book* 50 (2005), S. 249–265.

Dreyfus, Madeleine: Mischehe oder Übertritt. Drei Lebensentwürfe. In: Jacques Picard / Daniel Gerson (Hrsg.): *Schweizer Judentum im Wandel. Religion und Gemeinschaft zwischen Integration, Selbstbehauptung und Abgrenzung.* Zürich: Chronos 2014, S. 203–256.

—: *Ein ziemlich jüdisches Leben. Jüdische Identitätskonstruktionen in Mischehen und Übertritten.* 2015 (im Erscheinen).

Epstein, Arnold L.: *Ethos and Identity. Three Studies in Ethnicity*, with a new introd. by Athena S. Leoussi. New Brunswick / London: Aldine Transaction 2006, S. 139–156.

Fishkoff, Sue: „Ja, ich bin Halbjüdin." Zwischen Ablehnung und Akzeptanz: In den USA bekennen sich immer mehr Kinder aus Mischehen zu beiden Seiten ihrer Identität. In: *Jüdische Allgemeine*, 23.08.2007. http://www.juedische-allgemeine.de/article/view/id/4280 (Zugriff am 14.08.2015).

Fishman, Sylvia Barack: *Jewish and Something Else. A Study of Mixed-Married Families.* New York: American Jewish Committee 2001.

Fishman, Sylvia Barack / Peter Y. Medding / Mordechai Rimor / Gary A. Tobin (Hrsg.): *Jewish Identity in Conversionary and Mixed Marriages.* Waltham: Brandeis UP 1999.

Fishman, Sylvia Barack / Daniel Parmer (Hrsg.): *Matrilineal Ascent/Patrilineal Descent. The Gender Imbalance in American Jewish Life.* Waltham: Brandeis UP 2008.

Folger, Arie: Gemischtes Doppel. Plädoyer. In den USA steigt die Zahl interreligiöser Ehen. Dagegen hilft, hier wie dort: Identität durch Bildung. In: *Jüdische Allgemeine*, 17.10.2013. http://www.juedische-allgemeine.de/article/view/id/17322 (Zugriff am 16.08.2015).

Fries, Madeleine de: Jews in the Netherlands and Their Various Ties with Judaism. In: Charles Westin/ José Bastos/ Janine Dahinden / Pedro Góis (Hrsg.): *Identity Processes and Dynamics in Multi-ethnic Europe.* Amsterdam: Amsterdam UP 2010, S. 53–72.

Grandsard, Catherine: *Juifs d'un côté. Portraits de descendants de mariages entre juifs et chrétiens.* Paris: Le Seuil 2005.

Judaism (Winter 1985): The Issue of Patrilineal Descent: a Symposium.

Klein, Daniel / Freke Vuijst: *The Halfjewish-Book. A Celebration.* New York: Villard 2000.

Lowenstein, Steven M.: Jewish Intermarriage and Conversion in Germany and Austria. In: *Modern Judaism* 25,1 (2005), S. 23–61.

Lustig, Sandra / Ian Leveson (Hrsg.): *Turning the Kaleidoscope. Perspectives on European Jewry.* New York: Berghahn 2006.

Mayer, Egon: *Children of Intermarriage. A Study in Patterns of Identification and Family Life.* New York: The American Jewish Committee 1983.

—: *Love and Tradition: Marriage between Jews and Christians.* New York: Schocken 1985.

—: *The Imperatives of Jewish Outreach. Responding to Intermarriage in the 1990s and Beyond.* New York: Jewish Outreach Institute 1991.

McGinity, Keren R.: *Still Jewish. A History of Women and Intermarriage in America.* New York: New York UP 2009.

Meiring, Kerstin: *Die christlich-jüdische Mischehe in Deutschland 1840–1933.* Hamburg: Dölling & Galitz 1998.

Olmer, Heinrich C.: *Wer ist Jude? Ein Beitrag zur Diskussion über die Zukunftssicherung der jüdischen Gemeinschaft.* Würzburg: Ergon 2010.

Rebhun, Uzi: Jewish Identification in Intermarriage. Does a Spouse's Religion (Catholic vs. Protestant) Matter? In: *Sociology of Religion* 60,1 (1999), S. 71–88.

Reinharz, Shulamit / DellaPergola, Sergio (Hrsg.): *Jewish Intermarriage around the World.* New Brunswick: Transaction 2009.

Snyder, Laurel: *Half/Life. Jewish Tales from Interfaith Homes.* New York: Soft Skull 2006.

Tauchert, Stephanie: *Jüdische Identitäten in Deutschland. Das Selbstverständnis von Juden in der Bundesrepublik und der DDR 1950 bis 2000*. Berlin: Metropol 2007.

Wolff, Fabian: Falsche Bruchrechnung. Warum der Begriff „Halbjude" auf den Index gehört. In: *Jüdische Allgemeine*, 16.06.2011. http://www.juedische-allgemeine.de/article/view/id/10568 (Zugriff am 14.08.2015);

Zeifert, Ruth: Irgendwie jüdisch? Identitätsdilemma: Wenn der Vater Jude ist und die Mutter nicht. In: *Jüdische Allgemeine*, 17.06.2006. http://www.juedische-allgemeine.de/article/view/id/6317 (Zugriff am 16.08.2015).